Richard Milhous Nixon

리처드
닉슨

국민을 불행하게 만든
대통령들 10인 시리즈
리처드 닉슨

Contents

국민은 후보자들 중에서 과연 누가 사적인 욕심을 채우지 않고 주어진 문제를 잘 해결할 수 있는가에 집중해 대통령을 선택합니다. 또한 자신이 선택한 대통령이 자신뿐만 아니라 국가와 사회를 위해 현안을 잘 해결하고 미래 발전을 위해 무한한 노력을 할 것이라 생각합니다. 한 번도 소송을 심리해본 적이 없는 변호사를 고용하지 않는다거나 경험이 없는 외과의사에게 몸을 맡기지 않는 것과 마찬가지로 대부분의 국민은 경험과 능력이 부족한 사람을 대통령으로 선택하지 않습니다.

그러나 국민은 종종 부지불식간에 경험과 능력이 부족한 사람을 대통령으로 선택합니다. 문제는 국민이 대통령을 선택할 시점에는 그의 자질이 어느 정도로 부족한지 잘 모른다는 사실입니다. 그럼에도 국민은 자신이 선택한 대통령을 노련한 변호사이자 능력 있는 미다스의 손을 가진 외과의사라 여깁니다. 그래서 대통령을 선택하는 순간

어느 정도 행복을 느끼고 무조건의 지지와 찬사를 보냅니다. 하지만 행복은 모호한 것입니다. 시간이 지나고 그것이 역사가 되어 돌아올 때 국민은 비로소 그 선택이 잘못되었다는 것을 확인하곤 합니다. 때로는 몹시도 후회하고 자신의 선택을 저주하다시피 해서 잘못을 벗어나려 합니다. '저에게는 다음 칸이 있습니다'라고 외치는 지하철의 용기 있는 외판원처럼 '저에게는 다음 선거가 있습니다'라고 자위하지만… 글쎄요? 다음 선거 때는 제대로 된, 정말 후회하지 않을 투표를 할 수 있을까요?

역사적인 관점으로 미국 대통령의 리더십을 공부한 저는 다음과 같은 질문을 하고 싶습니다. 대통령을 선택한 국민의 잘못인가요? 아니면 선택받은 대통령의 잘못인가요? 대통령의 리더십을 공부하는 입장에서 저는 단연코 후자에게 책임을 물리고 싶습니다. 왜냐하면 민주주의 국가에는 국민의 선택이 잘못될 수 있는 조건이 너무나 많기 때문입니다. '누가 이 나라를 가장 잘 이끌어가면서 국민을 행복하게 만들어줄 것인가?' 누군가를 선택하는 것은 국민의 몫이지만 현실에는 판단을 흐리게 만드는 요인이 상존하고 있습니다. 학연, 지연, 혈연, 이념 등으로 대표되는 연고주의가 그것입니다. 이데올로기 갈등, 세대갈등도 중요한 요소입니다. 정의냐, 경제냐, 도덕이냐 등의 시대정신을 둘러싼 갈등도 있습니다. 민주국가의 선거제도는 국민이 최선이 아니라 차악을 선택할 수밖에 없도록 만듭니다. 그러나 이러한 조건은 국민을 행복하게 만들어 준 대통령을 선택한 시기에도 완전히 소멸되지 않았습니다. 성공한 대통령을 선택한 시점에도 국민의 판단을 흐리게 하는 요인이 존재했다는 뜻입니다.

국민을 행복하게 만든 대통령들 중에서 국민적 합의에 의해 선출된 조지 워싱턴을 제외한 나머지 네 명이 대통령으로 선택될 당시에는 연고주의, 이데올로기, 세대갈등, 시대정신 등이 작용했습니다. 링컨은 남부지역 주에서 단 한 곳의 지지도 받지 못했습니다. 프랭클린 루스벨트는 '뉴딜'이라는 새로운 시대정신을 바탕으로 대통령에 당선되었습니다. 케네디 역시 '뉴프런티어'라는 새로운 시대정신이 당선의 근간이 되었습니다. 레이건은 보수주의의 이데올로기를 바탕으로 대통령에 당선되었습니다.

문제는 선거의 결과가 국민의 선택은 아니라는 점입니다. 우리가 야구를 할 때 3할대 타자라면 최고의 타자라고 말합니다. 열 번 날아오는 공을 단지 세 번 쳐내는 것입니다. 국민의 선택은 어떤 이유였든 올바르지 않은 선택이 될 수도 있고 올바른 선택이 될 수도 있습니다. 그러므로 국민을 행복하거나 불행하게 만드는 것은 국민의 선택에 달려 있는 것이 아니라 대통령으로 선택된 사람의 리더십에 달려 있습니다.

조직의 직제상 이른바 '통령'이라는 직책이 있습니다. 통령은 그야말로 지역, 조직, 정치이념 등을 대표하는 사람을 말합니다. 하지만 '대통령'은 특정 지역이나 조직, 정치이념이 아니라 국가 전체를 대표하는 사람입니다. 그래서 '대통령'인 것입니다. 비록 특정 지역과 조직에 의해 대통령에 당선되었더라도 일단 대통령이 되고 나면 그를 지지하지 않는 사람 역시 대통령이 함께해야 할 식구입니다. 그러니 대통령은 국민과 더불어 성취해야 할 목표를 위해 배우고, 교육하고, 상호신뢰하고, 협조하며, 솔선수범하고, 혁신해나가야만 합니다. 이런 대통령은 국민을 행복하게 만들어줍니다. 워싱턴, 링컨, 루스벨트, 케네디, 레이건 등이 그런 대통령입니다. 국가를 대표하는 대통령은 너무나 당연하게도 이러한 가치를 두루 겸비해야만 합니다.

시간이 지나고 많은 것이 역사가 된 현시점에서 보았을 때 국민을 행복하게 만든 대통령이 있는 반면 국민을 불행하게 만든 대통령도 있습니다. 이에 대해서는 「이런 대통령 뽑지 맙시다」에서 살펴본 바와 같이 거의 모든 대통령 평가에서 최악의 평을 받은 대통령 이야기가 중심이 될 것입니다.

2009년은 링컨 탄생 200주년이었습니다. 더불어 한국에서 미국 역사를 공부하는 사람들의 모임인 '한국미국사학회' 창립 20주년이었습니다. 이를 기념해 학회는 미국 대통령 중에서 '성공한 대통령 10인'을 선정해 기념총서를 출간한 바 있습니다. 이때는 각 대통령을 대표하는 전문가를 구성해 집필했습니다. 필자는 당시 이 일을 진행하는 총괄편집자 역할을 담당해 적지 않은 보람을 느꼈습니다.

그 후로 약 10여 년이 지나 필자에게는 언젠가 해보고 싶은 일이 하나 더 생겼습니다. '실패한 대통령 10인'을 골라 그들이 누구이며 왜 실패했다는 평가를 받는지 구체적으로 살펴보는 것입니다. 역사의 기능에서 가장 중요한 포폄의 역할을 할 수 있으리라 생각했기 때문입니다. 나아가 우리나라에도 실패한 대통령을 닮지 않은 성공한 대통령이 나오게 하는 작은 씨알이 되리라 굳게 믿습니다.

출판계에 어려움이 더해지고 있습니다. SNS가 활성화된 현실에서 종이 출판계가 생명을 다해가는 느낌입니다. 그럼에도 선뜻 부족한 원고를 책으로 만들어주신 한올출판사에 깊은 감사를 드립니다.

닉슨이 대통령에서 사임한 지 48년이 된 날
2022년 8월 8일

국민을 불행하게 만든
대통령들 10인 시리즈
리처드 닉슨

대통령 시절 닉슨

1968
1969
1973
1974

변화하는 닉슨의 사인

회고록에 남긴 사인

워터게이트 사건에 연루된 닉슨의 보좌관들

마오쩌둥과 닉슨의 만남

01

대통령 같지 않은 대통령

저는 악당이 아닙니다

워터게이트 사건이 일파만파로 퍼진 1973년 11월 17일 대통령 닉슨은 플로리다주 올랜도에 있는 월트디즈니월드에서 수많은 기자와 만났습니다. 기자들은 앞다투어 워터게이트 불법침입 사건에서 대통령의 역할이 무엇이었는지 물었습니다. 나아가 대통령재선위원회 위원들이 침입 사건에 자금을 댄 사실을 대통령이 은폐했는지 알고 싶어 했습니다. 닉슨은 긴장이 역력한 얼굴로 "국민은 대통령이 악당이 아닌지 몹시도 알고 싶어 하는 것 같은데, 말하지만 저는 악당이 아닙니다"[1]라고 강하게 어필했습니다.

그로부터 8개월이 지나 워터게이트 사건의 전모가 밝혀진 1974년 7월 전국에 방송되는 하원법사위원회 청문회에서 민주당 출신의 뉴저지주 연방 하원의원 위원회 의장인 피터 로디노Peter Rodino는 그동안 벌인 조사와 청문회의 결과를 종합해 닉슨 대통령을 탄핵하는 이유 세 가지

1　Richard Nixon, I am not a Crook: How a Phrase Got a Life of Its Own (November 17, 1973).

탄핵 이유를 설명하는 로디노

를 다음과 같이 발표했습니다.

• 사법권의 방해 - 거짓과 허위로 조사관을 속인 행위, 증거를 인멸한 행위, 위증을 눈감고 심지어 조작한 행위, 합법적인 조사를 방해한 행위, 입막음 돈을 승인한 행위, 중앙정보국CIA을 악용하려고 시도한 행위, 범죄의 책임을 피하고자 법무부의 정보를 사용한 행위, 거짓과 허위로 국민을 속인 행위, 기소된 사람들에게 묵비권을 행사하는 대가로 무엇인가 좋은 것을 약속한 행위

• 권력 남용 - 국세청IRS, 연방수사국FBI, 재무부 검찰국SS, 그리고 여러 행정부 인사를 오용한 행위, 대통령실에 불법적

인 비밀 조사단체 배관공 팀를 만들어 이용한 행위, 부하의 범죄행위를 기소하지 않고 눈감아준 행위, 워터게이트 조사를 방해한 행위

- 의회소환에 불응한 행위 [2]

로디노는 이와 같은 이유를 고려해 위원회의 최종 결정을 발표했습니다.

리처드 닉슨은 대통령으로서 얻어야 할 신뢰를 저버리고 헌법정부를 전복하는 행위를 했습니다. 법과 정의의 대의에 반하는 편견을 초래했으며, 미국 국민에게 명백한 상처를 입혔습니다. 그러므로 리처드 닉슨은 대통령직에서 파면당하는 탄핵감에 해당됩니다. [3]

하원위원회의 공식 발표에도 닉슨은 대통령직을 내려놓지 않고 버텼습니다. 하지만 탄핵의 중압감을 느낀 닉슨은 연방상원의 탄핵 발표를 하루 앞둔 1974년 8월 9일 대통령직을 사임했습니다. 그러나 긴 사임연설에서 닉슨은 자신의 "판단의 잘못"만을 인정했을 뿐, 위원회가 발표한 탄핵 사유에 대해서는 말하지 않았습니다. 오히려 자

---

2 The Articles of Impeachment adopted by the House Judiciary Committee (July 27, 1974).

3 Ibid.

신이 대통령직을 그만두는 이유에 대해 다음과 같이 말했습니다.

개인의 정당성을 위해 앞으로 몇 달 동안 계속해서 싸운다면 국외의 평화와 국내의 인플레이션 없는 번영이라는 큰 문제에 집중해야 하는 시기에 우리의 초점이 의회의 시간과 관심을 완전히 흡수할 것이기 때문에 대통령직을 그만두고자 합니다. [4]

사법권을 방해하고, 권력을 남용하고, 국회를 무시한 범죄를 저질렀지만 닉슨은 이를 전혀 인정하지 않았습니다. 닉슨은 밀어닥치는 탄핵의 위협을 피하기 위해 스스로 사임하는 꼼수 중에 최고의 꼼수를 발휘했습니다. 닉슨은 자신의 "판단의 잘못"으로 사임한다고 말하면서, 아무 잘못이 없는 자신이 정당성을 위해 투쟁하면 국외의 평화와 국내의 번영에 피해를 주기 때문에 투쟁을 그만두기로 했다고 강변했습니다.

아이고! 고양이가 쥐 생각을 합니다. 독자 여러분은 어떠세요? 그의 말대로 닉슨은 악당이 아닐까요? 거짓과

---

4   Richard Nixon, The Resignation Speech to the Nation (August 8, 1974).

허위로 국민을 속이고, 헌법 질서를 파괴하고, 그것도 모자라 명백히 밝혀진 범죄행위를 조금도 인정하지 않는 사람이 악당이 아니면 도대체 누가 악당이란 말입니까? 일반 국민이나 일개 통령이 아닌 대통령이라면 더 흉악한 악당이 아닐까요?

오랫동안 닉슨을 취재한 저널리스트이자 닉슨 연구로 유명한 엘리자베스 드루Elizabeth Drew는 "리처드 닉슨은 정말 대통령 같지 않은 대통령"이라고 단언하며 다음과 같이 말했습니다.

그는 사람을 좋아하지 않았습니다. 마음을 끌어당기는 매력도, 다른 사람을 즐겁게 하는 유머도, 기쁨으로 분위기를 띄우는 능력도 턱없이 부족했습니다. 사교가 서툴고 내성적이었던 그는 친구가 거의 없었으며 일상적이고 소소한 대화를 나누지 못했습니다. 그는 공공연하게 말했듯이 다른 사람과 악수를 주고받는 일이 서툴러도 크게 개의치 않았습니다.[5]

선거에서 표를 얻고 사는 사람이 다른 사람을 좋아하지도 않고 매력도 유머도 사교성도 없다면 어떻게 그 많

---

[5]   Elizabeth Drew, *Richard M. Nixon* (New York: Times Books, 2007), p.1.

은 선거를 치르고 또 승리할 수 있을까요? 닉슨은 총 아홉 번의 선거에서 두 번을 제외하고 모두 승리했습니다. 닉슨은 아주 영리하고 예리한 지능을 가지고 있었습니다. 닉슨은 유권자에게 자신은 사람을 좋아하고 나름의 매력과 유머도 있고 사교적이라는 점을 충분히 인식시켰습니다. 겉으로는 평안해 보였지만 속에는 수많은 갈등이 뒤범벅되어 있었습니다. 평온해 보이지만 물속에서 끊임없이 물갈퀴질을 하는 오리처럼, 닉슨의 성품은 말하자면 위선이었습니다. 엘리자베스 드루는 닉슨에 대해 더 많은 이야기를 합니다.

그는 가장 큰 심리적 콤플렉스를 가진 미국 대통령이었습니다. 그는 늘 불안하고, 자기연민에 사로잡히고, 보복하고, 의심하는 편집성 성격장애paranoid personality disorder를 가지고 있었습니다. 오랫동안 억눌러온 화와 분노로 가득 차 있었고 때때로 그것을 터뜨렸습니다. 미국 정치세계의 최정상 자리도 그를 만족시키지 못했습니다. 편집증과 무소불위의 대통령직이 만나자 악한 독성을 가진 수많은 불법 행위를 만들어냈고, 결국 미국 역사상 대통령직에서 처음으로 파면당한 대통령이라는 비극적인 결과를 낳았습니다. [6]

---

6   Ibid, p.1-2.

성격이 운명을 결정한다

백악관 남쪽 잔디밭에 대통령을 기다리는 헬리콥터까지 긴 레드카펫이 펼쳐져 있었습니다. 양쪽에서 군인들을 사열하고 대통령과 그의 가족이 레드카펫을 밟고 헬리콥터로 다가갔습니다. 여느 대통령이 어디로 떠날 때와 같은 일상적인 장면으로 보일 수도 있습니다. 하지만 이날은 결코 일상적이지 않았습니다.

이날 아침, 리처드 닉슨 대통령은 대통령직을 사임한 최초의 대통령이 되었습니다. 사실은 탄핵을 피하기 위한 사임으로서 이 또한 비열하고 위선적인 행동이었습니다. 사람이 어떤 직책과 관련된 혐의를 받고 있다면 사임이나 사직이 불가능하다는 원칙을 위반한 것이었습니다. 수백만 명이 이제 곧 대통령으로 승격할 제럴드 포드 Gerald Ford 와 닉슨이 악수하는 장면을 텔레비전으로 지켜보았습니다. 곧이어 닉슨이 가족을 뒤이어 헬리콥터 계단을 올랐습니다. 계단 꼭대기에서 멈춰 선 그는 뒤를 돌아 아래에 모여 있는 사람들에게 애써 밝은 얼굴을 보여주었습니다.

그는 오른팔을 최대한 흔들면서 인사를 했습니다. 그리고 두 팔을 머리 위로 올리고 양손 두 손가락을 펼쳐 그의 전매특허와도 같은 승리의 사인인 V를 표시했습니다.

닉슨은 헬리콥터 안으로 사라졌습니다. 곧바로 닉슨 가족은 그가 공직생활 동안 마련해둔 남부 캘리포니아에 있는 사유지인 샌클레멘테San Clemente[7]로 날아갔습니다. 많은 사람이 닉슨이 권력으로부터 사라졌다는 안도의 한숨을 쉬며 그가 백악관을 떠난 것을 환호했습니다. 하지만 닉슨의 충실한 지지자들은 그가 공정하지 못하게 기소되었다고 주장하면서 화를 냈습니다. 오랜 정치 경력으로 닉슨은 비판자와 지지자에게 강력한 정서를 불러일으켰습니다.

닉슨 가족이 워싱턴 상공을 날고 있을 때, 제럴드 포드는 대통령 취임연설을 했습니다. 포드는 지금까지 선거를 치르지 않고 대통령이 된 유일한 사람입니다. 그는 "우리의 오랜 악몽은 끝이 났습니다"라는 말로 시작하는 아주 짧은 취임사를 했습니다. 닉슨은 왜 임기 2년 이상을 앞두고 사임해야 했을까요? 신임 대통령 포드가 "악몽"이라

---

[7] 샌클레멘테는 사면을 받은 전 대통령 닉슨이 기자, 고관대작, 외국 명사 등을 불러들여 마치 백악관과 비슷한 생활을 한 곳이었습니다. 사람들은 이곳을 "닉슨의 서부 백악관"이라 불렀습니다.

고 표현한 사건은 도대체 무엇일까요?

변변찮은 환경에서 태어난 닉슨은 어떠한 패배도 인정하기를 거부하는 불굴의 기개와 단호함으로 선거를 통해 미국 최고의 자리까지 올랐습니다. 그는 혁신적인 대통령으로 국내외에서 많은 업적을 만들어냈으며 특히 외교 문제에서 세계적인 지도자로 존경을 받았습니다. 그럼에도 의심하는 그의 성격이 결국 다른 사람은 물론 자기 자신까지 배반하게 만들었습니다. 사람들은 흔히 닉슨의 대통령직 침몰을 워터게이트 빌딩에 있는 민주당전국위원회 사무실을 서투르게 침입한 '삼류 좀도둑' 때문이라고 생각합니다. 하지만 워터게이트 사건 자체는 닉슨이 인생의 여러 경로에서 수없이 만난 일상에 지나지 않았습니다. 말하자면 닉슨의 인생에는 늘 워터게이트 같은 사건이 전개되고 있었습니다. 침몰은 닉슨의 성격이 낳은 결과입니다.

심리분석학자인 데이비드 아브라함센David Abrahamsen은 1977년 「닉슨 대 닉슨Nixon VS. Nixon」이라는 책에서 "닉슨은 내면적 갈등, 외로움, 과민성, 나르시스적인 자기도취, 의심, 그리고 감추어진 은밀한 비밀 성향으로 갈기갈기 찢어진 사람"이라고 설명했습니다.[8] 역사심리학의 개척자

---

8   William A. DeGregorio, *The Complete Book of U.S. Presidents* (New York: Gramercy Books, 2001), p.581.

로 유명한 역사학자인 브루스 매즐리시Bruce Mazlish는 워터게이트 사건이 본격적으로 노정되기 전인 1972년 「닉슨을 찾아서In Search of Nixon」에서 닉슨의 성격파탄을 다음과 같이 예견했습니다.

닉슨은 공적인 모습 뒤에 언제나 자신을 지배하는 성격인 실제 모습을 숨겨두었습니다. 다른 사람에게 유순하고 부드럽게 보여 약한 사람으로 취급받지 않을까 하는 두려움과 다른 사람에게 의존하는 것에 대한 공포에 항상 사로잡혀 있었기 때문입니다.[9]

또한, 역사가 폰 브로디Fawn Brodie는 1981년 「리처드 닉슨의 성격형성In Richard Nixon: The Shaping of His Character」에서 닉슨은 "강박관념에 사로잡힌 거짓말쟁이"라는 사실을 증명하면서 다음과 같이 말했습니다.

닉슨은 사랑을 얻기 위해 거짓말을 했습니다. 그는 거창한 환상을 강화하기 위해 거짓말을 했습니다. 그는 끊임없이 흔들리는 자신의 정체성을 강화하기 위해 거짓말을 했습니다. 그는 반드시 이기려고 거짓말을 했습니다. 그는 항상 공

---

[9]   Ibid.

격적으로 거짓말을 했습니다. 그리고 그는 자신이 거짓말했다는 사실을 부인했습니다. [10]

가난하고 비루한 환경에서 벗어나고자 하는 강한 야망, 겉과 속이 달라서 불안정한 심리 상태, 이기는 데 필요한 것 외에는 무관심한 냉담함, 자신을 비판하고 따돌린 언론·동부 엘리트·명문대학 출신·부자 등을 향한 원한 의식, 어떠한 수단과 방법을 쓰더라도 반드시 이기고 말겠다는 욕망이 빚은 비리가 닉슨을 대통령직에서 물러나게 만들었습니다. 그리스 철학자 헤라클레이토스Heraclitus는 수천 년 전에 "인간의 성격이 그의 운명을 결정한다A Man's Character is His Fate"고 말했습니다. 닉슨의 성격이 결국 그의 운명을 결정했습니다.

접근하기 어려운 여러 공직과 미국 최고의 직책인 대통령이 되었음에도 만족하지 못한 인간! 복잡다단한 편집성 성격장애로 최고의 공직에서 파면당한 인간! 리처드 닉슨의 성공과 몰락 이야기를 해보고자 합니다.

---

10   Ibid.

02

닉슨은 누구인가

죽은 동생의 몫까지 성공하려 하다

리처드 닉슨Richard Nixon은 1913년 1월 9일 아버지가 캘리포니아 요바린다에 세운 소박한 집에서 태어났습니다. 분만을 도운 간호사는 자그마치 5킬로그램에 달하는 아이의 울음소리가 무척이나 힘차고 뚜렷했다고 회고했습니다. 닉슨의 아버지 프랭크 닉슨Frank Nixon은 스코틀랜드, 아일랜드의 후손이었고 어머니 한나 밀하우스Hannah Milhous는 독일, 영국, 아일랜드의 후손이었습니다.

아버지 프랭크는 오하이오주에서 주유소와 잡화점을 하는 부모에게서 자라 1년 정도의 교육을 받고 공부를 그만두었습니다. 프랭크는 일찍부터 여러 종류의 일농장 잡일꾼, 집 페인트공, 전화 가선공, 그 외 여러 잡일을 하면서 생활했습니다. 그는 오하이오 콜럼버스에서 덮개가 없는 시가전차 운전사로 일하다가 동상에 걸리기도 했습니다. 추운 날씨에 적응하지 못한 프랭크는 보다 따뜻한 지역을 찾다가 캘리포니아 남부지역에 정착했습니다. 1908년 남부 캘리포니아에서 비교적 조용한 지역이자 퀘이커교도가 많이 모여

사는 휘티어에서 한나 밀하우스라는 여인을 만나 결혼했습니다. 그는 결혼을 하면서 아내를 따라 퀘이커교로 개종했습니다.

결혼 후 그는 요바린다에서 레몬 농사를 지었다가 실패하고 다시 휘티어로 돌아와 주유소와 여러 물건을 파는 닉슨마켓오늘날 도로 휴게소와 같은 개념을 운영하면서 아이들을 키웠습니다. 프랭크는 다른 사람에게 기탄없이 말하지만 다투기를 좋아하고 불같이 화내는 사람으로 인식되었습니다. 그는 처음에 민주당을 지지했다가 어느 날 윌리엄 매킨리오하이오 출신 대통령가 멋진 말을 타고 오하이오에 있는 닉슨의 고향을 지나는 모습을 보고 마음이 바뀌었습니다. 그 후부터 프랭크는 공화당을 지지했지만 1924년 터져나온 티포트돔 스캔들Teapot Dome Scandal[11]에 실망해 제삼당 후보인 로버트 라폴레트Robert LaFollette를 지지했습니다. 그는 닉슨이 부통령으로 있던 1956년 아들이 곧 대통령이 될 것이라는 희망 속에서 죽었습니다.

어머니 한나 밀하우스는 인디애나주 제닝스 카운티에

---

[11] 1921년에서 1923년 공화당 대통령 워런 하딩 정권 때 내무장관 앨버트 폴(Albert Fall)이 연방정부 소유의 유전 관리권을 해군에서 내무부로 변경해 비밀리에 임대해주고 거액의 뇌물을 챙긴 사건입니다. 많은 사람이 공화당 후보인 캘빈 쿨리지(Calvin Coolidge)에게 실망했으나 큰 영향을 주지 못했습니다.

서 태어났지만 밀하우스 집안의 퀘이커교도가 살고 있는 휘티어에서 성장했습니다. 그녀는 휘티어대학을 다니다 1908년 프랭크를 만나 결혼하면서 공부를 그만두었습니다. 그녀는 밀하우스 집안과 같이 공화당을 지지했습니다. 아들 리처드가 퀘이커교 선교사가 되기를 원했지만 아들이 정치를 하고 나서부터 누구보다도 강한 지지자가 되었습니다. 그녀는 휘티어에서 살다가 아들이 두 번째로 대통령직에 도전하던 1967년에 죽었습니다.

프랭크와 한나 닉슨은 성격이나 생활태도 면에서 밤과 낮처럼 달랐습니다. 프랭크는 말이 많고 공격적이고 화를 잘 냈습니다. 한번은 아이들이 운하에 들어가 수영을 하고 있었는데 프랭크가 그들을 강제로 끄집어내 "물을 좋아하냐? 더 먹어볼래?"라고 소리쳤습니다. 반면 독실한 퀘이커교도였던 어머니 한나는 말이 많지 않고 차분했습니다. 닉슨 집안은 전반적으로 퀘이커교의 생활태도가 지배했습니다. 퀘이커교도는 엄격하고, 근면하며, 춤과 술을 멀리했습니다. 대부분의 퀘이커교도는 전쟁을 지지하거나 전쟁에 나가 싸우기를 원하지 않는 평화주의자였습니다. 한나는 친절한 여인이었지만 아이들에게 가까이 가지는 않았습니다. 포옹하거나 키스하거나 사랑한다고 말하지 않았습니다. 후에 닉슨의 동생이 형 리처드에 대해 "형은 격렬하게 반응하고 열기를 내뿜는 아버지의 공격적인 성격이 아니라 냉정하고 차분한 어머니의 방식인 중재자 역할을 따랐습니다"라고 회상했습니다.

리처드 닉슨은 다섯 형제 중에서 둘째로 태어났습니다. 첫째인 해롤드 닉슨Harold Nixon은 둘째인 리처드와 가장 친했는데 어머니의 헌신적인 노력에도 불구하고 결핵으로 죽었습니다. 셋째 도널드 닉슨Donald Nixon은 사업가였으며 한때 세 겹의 닉슨버거를 만들어 파는 레스토랑을 경영하기도 했습니다. 넷째 아서 닉슨Arthur Nixon은 닉슨이 사랑한 동생이었지만 일곱 살을 넘기지 못하고 결핵으로 죽었습니다. 막내 에드워드 닉슨Edward Nixon은 컨설팅 회사를 경영하는 사업가였으며 닉슨 형제 중에서 가장 오래 살다가 2019년에 죽었습니다. 아서의 죽음은 닉슨 가족 모두에게 비극이었지만 특히 친한 친구가 없어 동생 아서와 가깝게 지낸 리처드의 마음을 혼비백산하게 만들었습니다. 후에 닉슨은 동생의 죽음에 대해 "장례 후 몇 주 동안 아서를 생각하지 않거나 울지 않은 날이 단 하루도 없었습니다"라고 회상했습니다.[12] 어머니 한나는 후에 아들 아서의 죽음을 리처드와 관련해 회상했습니다.

● **12** Betsy Ochester, *Richard M. Nixon* (New York: Children's Press, 2005), p.14 재인용.

닉슨 부모와 형제

아서의 죽음이 리처드를 더욱 성공하도록 만든 것 같습
니다. 아서가 죽은 후부터 리처드는 부모의 고통을 자신의
성공으로 대체하려는 듯이 노력했습니다. [13]

요바린다에서나 휘티어에서나 닉슨 집안은 하는 일마
다 이렇다 할 수입을 올리지 못했습니다. 부모는 물론 아

. **13**　DeGregorio, *The Complete Book of U.S. Presidents*, p.583 재인용.

이들까지 생활을 위해 노력해야 했습니다. 리처드 닉슨은 유년 시절에 어머니가 새 옷을 입는 경우를 보지 못했으며, 가족이 모여 레스토랑에서 외식을 하거나 휴일을 함께 즐긴 적이 단 한 번도 없다고 회고했습니다. 닉슨은 어린 시절 생각이 깊고 진지한 소년이었습니다. 다른 형제들이 게임을 즐겼다면 리처드는 혼자 하는 독서를 더 좋아했습니다. 독서를 통해 언젠가 더 넓은 세계를 여행하는 꿈을 꾸곤 했으며 "밤이면 기차가 지나가는 소리에 잠에서 깨곤 했는데 어떨 때는 제가 방문하기를 원하는 먼 장소로 가는 꿈을 꾸었습니다"라고 어린 시절을 회상했습니다.[14] 닉슨은 어른들이 즐겨 보는 잡지인 〈내셔널지오그래픽〉을 슬쩍슬쩍 보면서 환상적인 장소에 가는 상상을 했습니다.

세 살 때 닉슨은 마차에서 굴러떨어져 얼굴에 깊은 상처를 입었는데 2마일이나 떨어진 병원에 가느라 죽을 만큼 피를 흘렸습니다. 네 살 때는 폐렴에 걸려 혼수상태까지 갔다가 겨우 살아났습니다. 닉슨은 다른 형제들과 달리 조용하고 복종하는 아이였습니다. 매일 아침 학교에 가기 전에 어머니와 아버지를 도와 트럭에서 내린 과일을

• **14**   Ochester, *Richard M. Nixon*, p.12 재인용.

씻고 가게에 전시하는 일을 했습니다.

티포트돔 스캔들로 온 나라가 뒤숭숭할 때 열 살을 갓 넘긴 닉슨은 신문기사를 보고 있는 어머니에게 다음과 같은 말을 했습니다.

어머니! 저는 언젠가 변호사가 되고 싶습니다. 정직한 변호사 말입니다. 악당에게 결코 휘둘리지 않는 그런 변호사가 되고 싶습니다.[15]

아마도 유년 시절 닉슨은 자신이 정부재산에서 뇌물과 리베이트 등으로 이권을 챙긴 티포트돔과 관련된 악당보다 훨씬 더 나쁜 악당이 되리라고는 꿈에도 생각하지 못한 것 같습니다.

---

[15] Bela Kornitzer, *The Real Nixon: An Intimate Biography* (New York: Rand McNally, 1960), p.19.

최선을 다했지만 최고가 되지 못하다

닉슨은 학교생활 전반에서 근면하고 진지한 학생이었습니다. 처음에는 캘리포니아 요바린다에서 학교를 다니다가 얼마 후 휘티어에서 초등학교를 마쳤습니다. 1926년 풀러턴고등학교에 다니다가 2년 후 휘티어고등학교로 전학을 갔습니다. 닉슨은 풀러턴에서 헌법웅변대회에 나가 1등을 차지했고 전미웅변대회 서부지역 대표로 참가했습니다. 닉슨은 휘티어에서도 웅변을 했으나 크게 주목받지 못했습니다.

어린 시절부터 어머니를 제외한 사람들에게 "딕dick"이라 불린 닉슨은 휘티어에서 여러 활동에 주도적으로 참가했습니다. 라틴어클럽, 교내신문사, 연극반, 오케스트라에서 활동했고 여기에 더해 축구, 야구, 달리기 선수로도 활동했습니다. 비록 최고의 팀으로 만들지는 못했지만 언제나 최선을 다했습니다. 다른 학생과 어울리는 사회성이 턱없이 부족해 늘 혼자 지낼 수밖에 없었던 딕 닉슨은 여러 활동에 참가했지만 인기는 별로 없었습니다. 이를 두고 전기 작가 멜빈 스몰Melvin Small은 "고등학교를 다니는 동안 닉슨은 인기를 얻기보다 일종의 존경을 받았다"고 말했습니다.[16] 딕 닉슨은 최선을 다했지만 최고가 되지 못한 결핍을 다른 활동으로 극복하고자 했습니다. 그래서 자신이 할 수 있는 활동이라면 무엇이든지 참여했습니다. 결핍을 보상받고자 하는 강박관념이 그의 내면에 뿌리를 내리기 시작했습니다.

고등학생 시절 딕의 가장 큰 성공은 토론이었습니다. 딕은 소규모 그룹에서 토론을 할 때는 수줍음을 많이 탔지만 보다 많은 청중 앞에서 이야기할 때는 확신에 찼고 대단히 사교적으로 변했습니다. 공식적인 토론 기회가 주어질 때마다 주장이 서로 다른 논쟁 팀을 유연하게 왔다 갔다 했습니다. 휘티어고등학교 교사는 닉슨의 토론에 대해 다음과 같이 적어두었습니다.

그는 논쟁에 정면으로 부딪치는 대신 슬그머니 회피하는 능력을 가지고 있다.[17]

---

16 Melvin Small, *The Presidency of Richard Nixon* (Lawrence, Kansas: The University of Kansas, 1999), p.4.

17 Lenard Lurie, *The Running of Richard Nixon* (New York: Coward, McCann and Geoghegan, 1972), p.26.

그럼에도 딕이 휘티어고등학교에서 이끈 토론팀은 지역은 물론 캘리포니아주 대회에서 최고의 성적을 기록했습니다. 고등학교를 다니는 동안에도 딕은 닉슨 가게에서 열심히 일했습니다. 운전면허를 딴 후부터 새벽 4시에 일어나 과일과 야채를 사기 위해 로스앤젤레스까지 다녀왔습니다. 딕은 사온 물건들을 가게에 잘 진열해두고 학교에 갔습니다.

닉슨이 고등학교를 다니는 동안 가족은 또 한 번의 불행을 겪었습니다. 딕의 형 해롤드가 당시로는 치료가 거의 불가능했던 결핵에 걸려 죽었습니다. 건조한 산악기후가 해롤드의 병세를 완화할 수 있다는 의사의 말을 들은 어머니 한나는 다른 가족을 휘티어에 두고 해롤드를 데리고 애리조나주 프레스콧으로 갔습니다. 그곳에서 한나는 부족한 돈을 충당하기 위해 작은 방을 빌려 다른 세 명의 결핵 환자를 위해 요리하고 청소하는 일을 했습니다. 방학이면 닉슨은 프레스콧에 가서 어머니와 형을 만났습니다. 1930년 해롤드의 건강이 어느 정도 호전되자 어머니와 형은 다시 휘티어로 돌아왔습니다. 그해 닉슨가의 막내 에드워드가 태어났습니다.

특권층에 저항해 오소고니언을 창단하다

닉슨은 최고는 아니었지만 학업뿐만 아니라 거의 모든 활동에서 상위권의 기록을 가지고 고등학교를 졸업했습니다. 야심에 찬 리처드 닉슨은 동부에 있는 명문대학에 진학하는 꿈을 꾸었습니다. 노력 끝에 하버드대학에서 장학금을 받을 자격을 주는 캘리포니아 하버드클럽에서 상장을 받았습니다. 그러나 장학금은 등록금만 충당이 가능했습니다. 닉슨은 보스턴에 방을 구하는 데 필요한 비용은 물론 동부까지 가는 경비도 댈 수 없다는 사실을 알고 있었습니다. 닉슨은 하버드에 지원하는 대신 집에서 가까운 휘티어대학에 입학했습니다. 후에 닉슨이 품은 명문대학과 동부세력에 대한 불만의 씨앗이 여기서 싹트기 시작했는지 모를 일입니다.

고등학교 생활과 마찬가지로 대학생활에서도 많은 활동에 참가했습니다. 신입생 대표로 선출되었으며 나중에는 학생회 대표로도 선출되었습니다. 여기에 더해 교내신문 기자로 활동했으며 발군의 실력이 보장된 토론클럽 회원으로, 미식축구팀 선수로, 그리고 학교 연극반의 반원으로 활동했습니다. 물론 부모님을 도와 야채와 과일을 도매하는 닉슨 가게 일도 했습니다.

대학에 입학하자마자 휘티어에서 나름 이름난 미식축구팀이자 부자와 명문가 집안 자녀로 구성된 프랭클린 클럽Franklin Club에 가입하고자 원서를 냈으나 돌아온 결과는 거절이었습니다. 닉슨은 프랭클린 클럽에 대항하는 라이벌 미식축구팀인 오소고니언Orthogonians을 창단했습니다. 아마도 특권층에 대항한 수많은 전투 중에서 첫 번째일 것입니다. 닉슨이 주도해서 창단했기 때문에 당연히 그가 초대 회장을 지냈습니다. 오소고니언 멤버는 스스로를 "정직한 사람들square shooters"이라고 불렀습니다. 멤버 대부분이 생활비를 벌면서 대학생활을 해야 하는 운동선수나 학생이었습니다. 그들은 하나같이 뛰어나고 부유한 집안 출신으로 구성된 프랭클린 멤버에게 강한 경쟁심을 품고 있었습니다. 졸업사진을 찍을 때도 프랭클린은 턱시도를 입었지만, 오소고니언은 가슴을 풀어 헤친 셔츠를 입었습니다. 닉슨은 대학생활 내내 프랭클린에 라이벌 의식을 가지고 오소고니언과 함께했습니다. 닉슨은 다른 사람의 특별한 도움 없이 자수성가한 것에 깊은 자부심을 느꼈습니다.

리처드 닉슨은 여러 활동을 통해 캠퍼스에서 꽤 인기 있는 학생이기는 했지만 고등학생 때와 마찬가지로 여전히 친한 친구가 많지 않았습니다. 단 두 명과 친한 관계를 유지했는데 한 명은 닉슨에게 미식축구를 가르친 감독인 월리스 뉴먼Wallace Newman이었습니다. 닉슨은 후에 뉴먼에 대해 다음과 같이 말했습니다.

그는 제가 쓰러지거나 실패하면 다시 돌아오고 말겠다는 강한 경쟁심과 단호한 결의를 심어주었습니다. [18]

휘티어 경찰서장의 딸인 올라 웰치Ola Welch는 닉슨과 고등학생 때부터 연인관계를 유지했습니다. 휘티어에서 올라는 매우 인기 있는 학생이었으며 닉슨과 올라는 비공식적으로 약혼을 한 사이였습니다. 그들의 요란한 관계에도 불구하고 올라의 친구들은 과연 그들의 관계가 오래 유지될 수 있을지 의심했습니다. 올라가 친구들에게 "딕은 전혀 섹시하지 않아"라는 말을 자주 했기 때문입니다. [19] 사실 올라는 닉슨의 지적인 면을 좋아했을 뿐이었습니다.

18   Ochester, *Richard M. Nixon*, p.17 재인용.

19   Roger Morris, *Richard Milhous Nixon* (New York: Henry Holt and Company, 1960), pp.142-145.

올라는 얼마 후 "저는 그를 대부분 이해할 수 없었어요"라는 말과 함께 다른 남자를 선택했습니다.[20] 닉슨은 올라의 거절에 몹시 상심했고 몇 년 동안 이 문제에 대해 곰곰이 생각했습니다.

상급생일 때 닉슨은 학생회 회장이 되었습니다. 휘티어대학은 그동안 퀘이커교리에 따라 운영되면서 부유하고 고상한 사람들에 의해 좌우되어 댄스를 금지하고 있었습니다. 닉슨은 학생회 회장 자격으로 대학에서 댄스를 할 수 있는 권한을 쟁취했습니다. 이 경험이 닉슨에게 투쟁을 하면 무엇이든지 얻을 수 있다는 교훈을 주었는지 모를 일입니다.

그러는 동안 형 해롤드의 상태가 더욱 악화되었습니다. 1933년 3월 7일 딕 닉슨은 집으로 오라는 메시지를 받았습니다. 급하게 달려갔지만 장례를 치르기 위한 영구차가 이미 움직이고 있었습니다. 해롤드가 그날 아침 죽은 것입니다. 닉슨은 형의 죽음에 오열했고 상당 기간을 절망 속에 살았습니다. 그도 그럴 것이 친구가 별로 없는 딕에게 형 해롤드는 가장 가까운 친구이기도 했습니다. 어머니 한나는 동생 아서가 죽었을 때처럼 해롤드가 죽은 뒤 남

---

20   Small, *The Presidency of Richard Nixon*, p.5. 올라는 휘티어대학 미식축구팀에서 닉슨과 같은 선수로 활동한 게일 조브(Gail Jobe)와 결혼했습니다.

겨진 딕의 마음의 변화를 읽었습니다.

　해롤드의 죽음 이후 리처드는 혼자서 세 명의 몫을 하려
고 노력했습니다. 리처드는 자식을 잃은 슬픔을 보상하는 차
원을 넘어 최선을 다하려는 모습을 보였습니다.[21]

　1934년 닉슨은 전교 2등의 성적으로 휘티어대학을 졸
업했습니다. 대학에서 역사학을 전공한 닉슨은 학문에서
얻은 단단한 지식에 발군의 실력을 가진 토론 능력을 적
절히 조화시킬 수 있는 미래를 설계했습니다. 로스쿨에
진학해 변호사가 되어 장차 정치의 길로 들어서겠다는
목표였습니다.

---

[21]　Ochester, *Richard M. Nixon*, p.17 재인용.

월스트리트 로펌에 지원했지만 거절당하다

리처드 닉슨은 최고의 로스쿨에 가고자 했지만 이내 마음을 접고 좋은 로스쿨이지만 최고의 로스쿨은 아닌 듀크대학 로스쿨에 입학했습니다. 듀크대학 로스쿨에 지원한 닉슨에게 써준 휘티어대학 총장의 추천사를 보면 닉슨의 미래를 보는 것 같은 느낌이 듭니다.

닉슨이 위대하지는 않더라도 미국의 중요한 지도자가 되리라고 믿기 때문에 그를 지나치게 추켜세울 수 없습니다. [22]

닉슨 가족은 닉슨을 듀크대학에 진학시킬 여유가 없었습니다. 하지만 듀크대학에서 전액 장학금과 여비는 물론 최소한의 생활비까지 지원하겠다고 약속했습니다. 닉슨은 1934년 가을 풍운의 꿈을 안고 듀크캠퍼스에 도착했습니다. 1934년은 대공황의 여파로 경제 침체가 극심한 해였습니다. 약 1,500만 명이 실업 상태였으며 수천 가구

---

22   Ibid, p.18 재인용.

가 집 없는 천사가 되어 정부가 나누어주는 음식으로 판 잣집에서 근근이 살아가는 상태였습니다.

자연히 캘리포니아에 있는 닉슨 가게도 형편이 좋지 않 았습니다. 닉슨은 법학 공부를 하면서 여러 가지 일을 해 부족한 생활비를 충당했습니다. 그는 곧 로스쿨에 다니 는 학생은 다른 대학에 다니는 학생보다 훨씬 수준 높고 경쟁력이 뛰어나다는 사실을 알게 되었습니다. 가난에 굴 복하지 않고 우수한 학생을 이기는 일은 닉슨이 좋아하 는 생활 방식이자 도전이었습니다. 닉슨은 냉난방이 되지 않는 골방에서 이른바 '헝그리 정신'을 발휘해 공부에 매 진했습니다. 친구들은 닉슨의 진지함을 두고 "우울한 녀 석gloomy gus"이라 불렀고, 한번 앉았다 하면 몇 시간이나 버티며 공부하는 능력을 두고 "철 막대iron-butt"라고 불렀 습니다. 닉슨은 로스쿨을 다니는 동안 단 한 순간도 시간 을 헛되게 보내지 않았습니다. 상급생이 되었을 때 닉슨 은 로스쿨변호사협회 회장에 당선되었습니다. 로스쿨 동 문은 "닉슨이 회장에 당선된 이유는 다른 후보보다 인기 가 많아서라기보다 학문에 진지한 모습을 존중했기 때문 입니다"라고 말했습니다. [23]

23　Drew, *Richard M. Nixon*, p.7.

1937년 봄 닉슨의 부모님, 할머니, 동생 에드워드가 어렵사리 공부를 마친 닉슨의 로스쿨 졸업을 축하하기 위해 노스캐롤라이나의 듀크대학에 방문했습니다. 영광스럽게도 닉슨은 로스쿨을 3등으로 졸업했습니다. 큰 희망을 안고 뉴욕에 있는 유명한 로펌에 일자리를 타진했지만 모두 듀크대학 로스쿨보다 더 나은 로스쿨 출신을 선호해 닉슨을 거절했습니다. 흔히 일어나는 취업 실패라고 볼 수도 있지만 닉슨에게는 그렇지 않았습니다. 이 일은 닉슨에게 동부세력에 대한 반감을 키우고 반드시 그들을 이기고 말겠다는 결의를 다지게 했습니다.

닉슨이 공적인 일에 흥미를 가졌다는 사실을 안 듀크대학 학장은 젊은 졸업생에게 다음과 같은 충고를 했습니다.

장차 정치를 하고자 한다면 고향으로 돌아가서 로펌에 들어가 실력을 키워나가게나.[24]

닉슨은 학장의 말을 정확히 따랐습니다.

24　Ochester, *Richard M. Nixon*, p.20 재인용.

생명 없는 결혼생활을 이어가다

1937년 휘티어로 돌아온 닉슨은 작은 로펌에 일자리를 구했습니다. 그 로펌에서 일하는 변호사가 지난날 어머니 한나와 함께 대학을 다닌 사람이었기 때문에 쉽게 일자리를 구할 수 있었습니다. 로펌에서 닉슨이 맡은 일은 주로 유언장을 작성하거나 부동산 문제를 해결하는 자질구레한 일이었습니다. 오래지 않아 닉슨은 로펌의 파트너가 되었고 상당한 돈을 벌었습니다. 하지만 오렌지주스 사업에 투자해 많은 돈을 잃기도 했습니다. 닉슨은 개의치 않고 로펌 일에 최선을 다하면서 휘티어대학 동문회회장에 당선되는 등 지역에서 활동 영역을 확대해나갔습니다.

1938년 27세가 된 닉슨은 휘티어 지역극단이 연출한 〈어두운 고층빌딩The Dark Tower〉이라는 연극의 오디션을 보러 갔다가 머리칼이 붉은 셀마 팻 라이언Thelma Pat Ryan이라는 여성을 만나자마자 첫눈에 반해버렸습니다.

오디션이 끝나고 닉슨은 팻과 그녀의 친구에게 집까지

태워주겠다고 제안했습니다. 집으로 가는 도중에 닉슨은 용기를 내 팻에게 "당신과 데이트하고 싶습니다"라고 말했습니다. 팻은 웃으며 "오, 저는 너무 바빠요"라고 정중히 거절했습니다. 닉슨은 팻과 함께 오디션에 통과했습니다. 연극 첫 리허설 때 닉슨은 팻에게 다시 데이트하고 싶다고 말했습니다. 팻은 또다시 "아니요"라고 대답했습니다. 세 번째 만남에서 닉슨은 팻에게 "언제 저와 데이트하실 건지요?"라고 보다 적극적으로 물었습니다. 어이가 없어 팻이 웃자 닉슨은 손가락으로 팻을 가리키며 "웃지 마세요. 언젠가 저는 당신과 결혼할 겁니다"라고 말했습니다. 닉슨의 단도직입적인 말에 팻은 충격을 받아 더 크게 웃었습니다. 하지만 그녀는 닉슨과 데이트하기로 약속했습니다. 무모하면서도 적극적인 닉슨에게서 무언가를 발견한 것이 아닌가 생각합니다. 후에 팻 닉슨은 닉슨의 갑작스러운 고백에 대해 "저는 그가 미쳤다고 생각했습니다. 갑자기 그런 말을 하니 놀랄 수밖에 없었습니다"라고 회고했습니다.[25]

리처드 닉슨과 마찬가지로 팻 라이언 역시 어려운 환경에서 성장했습니다. 팻은 1912년 3월 16일 네바다주 일리

---

25 Earl Mezo, *Richard Nixon: A Political and Personal Portrait* (New York: Harper and Brothers, 1956), p.31.

에서 실패한 광부의 딸 셀마 캐서린 라이언Thelma Catherine Ryan으로 태어났습니다. 그녀가 성 베드로의 날 이브에 태어났기 때문에 아일랜드계 아버지는 그녀를 "팻Pat"이라 불렀고 후에 패트리샤Patricia로 개명했습니다. 팻이 두 살이 되었을 때 가족은 캘리포니아 남부로 이사했습니다. 13살 때 어머니가 죽었는데 그 후부터 그녀는 아버지와 두 동생의 뒷바라지를 해야만 했습니다. 어린 나이에 요리하고 바느질하고 청소하며 온갖 집안일을 했습니다. 그럼에도 그녀는 학교에서 우수한 성적을 받았고 토론과 과외 활동에도 적극적이었습니다. 고등학교를 졸업하자 대학에 진학할 수 있었지만 결핵에 걸린 아버지를 간호해야 했습니다. 1년 후 아버지가 죽자 뉴욕으로 갔다가 21살 때 캘리포니아대학교 로스앤젤레스UCLA에 신입생으로 입학했습니다. 그녀는 다양한 파트타임 일을 하면서 스스로 학비와 생활비를 벌었습니다. 1937년 팻은 우등생으로 대학을 졸업했고 휘티어고등학교에서 상업반 교사로 일하면서 지역극단에서 연극을 했습니다.

오래지 않아 팻은 머리칼이 검고 곱슬거리며 말과 눈빛이 로맨틱하면서도 적극적인 추진력을 가진 리처드 닉슨을 좋아하게 되었습니다. 그들은 각자의 일닉슨은 변호사, 팻은 교사을 하면서 2년의 연애 기간을 보내다 태평양의 바위

닉슨 가족

절경으로 유명한 다나 포인트Dana Point로 드라이브를 갔습
니다. 닉슨은 푸른 바다에 노란 석양이 비칠 때를 기다렸
다가 팻에게 청혼했습니다. 그들은 1940년 6월 21일 캘리
포니아 리버사이드에서 결혼했습니다. 2주 동안 자동차를
몰고 멕시코를 두루 돌아다니는 신혼여행을 즐겼습니다.
결혼 후 남편이 해군에 입대해 복무하는 동안 아내 팻은
교사생활을 계속하면서 상업과 타자를 가르쳤습니다.

　퍼스트레이디 연구로 유명한 케이티 마튼Kati Marton은
"닉슨과 팻은 사랑으로 결합했지만 궁극적으로 생명 없

는 결혼생활을 이어간 부적절한 관계였습니다"라고 말했습니다.[26] 팻은 휘티어보다 훨씬 넓은 지역으로 자신을 데려가줄 수 있는 전도유망한 변호사와 결혼했다고 생각했습니다. 사실 팻은 정치를 몹시도 싫어했습니다. 후에 아내와 사이가 냉랭해졌을 때 닉슨은 공식 석상에서도 그녀를 무시하곤 했습니다. 그들은 1946년 트리샤 닉슨 Tricia Nixon을, 2년 후인 1948년 줄리 닉슨 Julie Nixon을 낳았습니다. 두 딸은 아버지를 무척이나 따랐습니다. 특히 줄리는 워터게이트 사건으로 곤혹을 치른 아버지를 적극적으로 지지했습니다.

---

26   Kati Marton, *Hidden Power: Presidential Marriages That Shaped Our Recent History* (New York: Pantheon, 2001), p.173.

03

군생활과 의원 시절

정치적 미래를 담보하고자 입대하다

닉슨은 캘리포니아에서 태어나 학업까지 마쳤지만 나머지 인생은 대부분 캘리포니아에서 보내지 않았습니다. 닉슨은 역사가 게리 윌스Garry Wills가 말하는 "지역 뿌리 stamp of place"에 대한 개념이 없었습니다. [27] 닉슨에게는 존 F. 캐네디John F. Kennedy의 고향 히아니스포트Hyannisport, 린든 존슨Lyndon Johnson과 로널드 레이건Ronald Reagan의 목장인 부시 가문의 케네벙크포트Kenenbunkport, 프랭클린 루스벨트Franklin Roosevelt의 하이드파크Hyde Park와 같은 지역 뿌리가 없었습니다. 여러 대통령은 어려움이 있을 때면 으레 자신의 뿌리와도 같은 고향을 찾아 재충전을 했습니다. 반면 닉슨은 대통령 임기 동안은 물론 대부분의 공직 생활 동안 아무런 연고도 없는 플로리다의 휴양지 케이비스케인Key Biscayne에서 휴가를 보냈습니다.

1942년 초 닉슨은 아내 팻과 자신의 간절한 소망이 이

---

27 Garry Wills, *Nixon Agonistes: The Crisis of Self-Made Man* (Boston: Houghton Mifflin, 1969), p.172.

루어질 기회를 포착했습니다. 드디어 구질구질한 휘티어를 떠날 기회가 왔습니다. 얼마 전 히틀러가 전쟁을 일으켰지만 이른바 고립주의가 우세한 미국은 전쟁에 직접 개입하지 않고 있었습니다. 그러나 1941년 12월 7일 주축국인 일본이 하와이 진주만에 있는 미군 해군기지를 기습 공격하는 일이 일어났습니다. 미국은 다음 날 바로 전쟁을 선포했습니다. 시국이 어수선한 가운데 정부의 일자리가 확대되면서 듀크대학 로스쿨의 스승이 닉슨을 정치 1번지인 워싱턴에서 일할 수 있도록 주선해주었습니다. 닉슨은 워싱턴에 있는 가격청Office of Price Administration에 취업해 타이어를 배급하는 일을 했습니다. 처음에는 주당 61달러를 받았지만 나중에는 90달러를 받았습니다. 이때 닉슨은 처음으로 연방정부의 일을 경험하면서 정부통제 경제의 모순과 연방관료주의의 비효율성을 인식했습니다.

닉슨은 촌구석 휘티어를 떠나 좋았지만 얼마 지나지 않아 가격청 일에 흥미를 잃었습니다. 당시 미국은 전쟁을 선포하고 징집병을 소집했습니다. 수천 명이 국가의 징집에 응했고 닉슨 역시 전쟁기에 국가에 복무하는 것은 당연한 의무라고 생각했습니다. 닉슨은 군복무가 자신이 꿈꾸는 미래의 정치생활에 많은 도움이 되리라 여겼습니다. 그는 1942년 6월 해군에 지원했습니다. 훈련을 마치고 해군대위로 임명받아 남태평양에 배속되었습니다. 미전투병이 일본과 치열하게 교전 중인 곳이었습니다.

닉슨은 처음에는 뉴칼레도니아섬에, 나중에는 솔로몬제도에 배속되어 해군 수송부대에서 일했습니다. 그가 맡은 임무는 군수물자를 내리고 싣는 대형 수송기를 감독하는 일이었습니다. 솔로몬에 있는 미군기지가 일본군의 포격에 시달렸지만 닉슨은 결코 전투에 직접 참가하지 않았습니다. 닉슨의 수송부대는 주로 적의 공격에서 안전한 후방에서 활동했고 닉슨은 매우 효과적으로 일을 완수했습니다.

그런 와중에 오늘날 미국에서 유명한 패스트푸드 체인점인 닉스스낵쉑Nick's Snack Shack을 부대에 오픈해 쏠쏠한 재미를 보았습니다. 물론 닉스스낵쉑에서 판매한 음식 중에는 그가 수송책임자로 있는 군 보급품에서 슬쩍한 햄버거와 맥주가 많았습니다. 닉슨은 해군 장교로 복무하는 동안 포커를 배웠는데 게임에 타고난 재능을 보였습니다. 게임으로 벌어들인 수천 달러의 일부가 첫 번째 정치 선거에 사용되었습니다. 해군에 있는 동안 닉슨은 아내 팻을 몹시도 그리워했고 두 사람은 거의 매일 편지를 썼습니다. 포커게임을 하지 않을 때는 주로 독서를 했습니다. 전쟁이 막바지에 이른 1944년 7월 닉슨은 보직 변경을 신청해 미국 내에 있는 해군기지로 옮겼습니다. 전쟁이 끝나자 곧바로 군을 제대했습니다.

선거운동으로 부르히스를 이기다

닉슨의 정치 경력은 성공과 실패의 연속이었습니다. 성공은 달콤했지만 실패는 쓰라렸습니다. 닉슨은 언제나 실패에 대해 성공적으로 변명했습니다. 닉슨은 정치 경력 전반에서 종종 강박관념에 사로잡혀 실재하는 적과 보이지 않는 적에 대해 이야기했습니다. 닉슨의 적은 대부분 특권계급과 엘리트 집단에 속해 있었습니다. 많은 정치인이 그러하지만 적을 향한 닉슨의 집요함은 참으로 남달랐습니다. 거침없이 발휘한 기회주의와 야만행위는 국민이 닉슨을 '욕하는 정치인'으로 인식하게 만들었습니다.

무모한 정치노선은 닉슨이 첫 번째로 치른 선거에서부터 고착화되었습니다. 해군에서 제대한 직후인 1945년

9월 닉슨은 캘리포니아 기업인 단체에서 편지를 받았습니다. 그들은 닉슨의 고향사람으로 선거에서 공화당을 지지하는 휘티어 출신 기업인이었습니다. 그들은 닉슨에게 휘티어 지역이 포함된 선거구에서 연방 하원의원 선거에 출마할 의사가 있는지 물었습니다. 닉슨은 조금도 망설이지 않고 그렇다고 대답했습니다. 닉슨은 아내 팻과 함께 서둘러 휘티어로 돌아와 중앙로에 있는 오래된 가게를 빌려 선거 사무실로 삼았고 아내 팻을 유일한 풀타임 선거운동원으로 고용했습니다. 휘티어로 돌아온 지 3주 만에 팻은 첫 번째 딸 트리샤를 낳았습니다.

닉슨의 상대는 민주당 현직 하원의원인 제리 부르히스 Jerry Voorhis 였습니다. 지역 공화당 기업인들이 부르히스를 물리칠 상대를 찾다가 닉슨을 고른 것입니다. 그는 부유한 집안에 동부 명문 예일대학 출신으로 휘티어를 포함한 지역구에서 내리 다섯 번이나 당선된 관록의 하원의원이었습니다. 즉, 닉슨이 '적'으로 여기기 적합한 대상이자 반드시 이겨야만 하는 대상이었습니다. 닉슨은 자신을 찾아온 기업인들에게 "제가 부르히스를 갈기갈기 찢어버리겠습니다"라고 공언했습니다. [28]

---

[28] David Greenberg, *Nixon's Shadow: The History of an Image* (New York: Norton, 2003), p.3.

닉슨과 부르히스의 선거전은 2차대전 후 이른바 '냉전 cold war' 초기에 이루어졌습니다. 1946년 윈스턴 처칠Winston Churchill은 미국 미주리주 풀턴에서 "철의 장막이 유럽을 드리우고 있다"고 말했습니다. FBI 국장 에드거 후버Edgar Hoover는 공산주의가 연방정부와 노동조합에 침투하고 있다고 경고했습니다. 냉전으로 알려진 미국과 소련의 경쟁이 맹렬함을 더해갔습니다.

'열전hot war'과 달리 냉전은 실질적인 전쟁이 아닌 양 진영의 정치적·경제적 체제를 둘러싼 경쟁이었습니다. 마르크스적 공산주의 논리를 추종하는 소련은 인민의 이름으로 사유재산, 산업, 그리고 기업을 국가 통제하에 관리했습니다. 선거에도 유일 정당인 공산당만 존재할 수 있었습니다. 공산당 지도자는 유일 정당인 공산당이 국가를 통제하는 형태의 정부가 세계를 지배하게 될 것이라 믿었습니다. 반면 미국과 동맹국은 사유재산과 기업 소유의 인정, 개인의 자유, 그리고 다양한 정당 후보 중에서 선택할 수 있는 경쟁 선거를 옹호했습니다.

소련이 1949년 미국이 독점적 지위를 누리고 있던 핵무기 실험에 성공한 후 두 강대국은 장기적 경쟁체제에 돌입했습니다. 두 강대국은 상대의 우위를 막기 위해 상대보다 더 크고, 성능이 향상되고, 더 많은 무기를 생산했습니다. 동시에 서로의 진영과 논리가 맞지 않거나 동맹을 맺지 않은 나라를 찾아 동맹을 맺었습니다. 결국 양 진영 간의 강력한 경제적 경쟁을 유발했을 뿐만 아니라 한국전쟁1950-1953이나 베트남전쟁1955-1975, 그 외 수많은 크고 작은 갈등을 발생케 했습니다. 닉슨은 반공주의자이면서도 대통령이 되어 두 강대국의 긴장을 완화하는 이른바 '긴장 완화detente'를 이끌어냈습니다. 그 후 1989년과 1991년 사이 공산진영에서 반란이 일어났고 급기야 소련이 해체되면서 냉전이 종결되었습니다. [29]

1946년 시대정신은 공산주의 위협에 대한 두려움이었습니다. 소련과 미국은 2차대전에서 독일을 상대한 동맹국이었습니다. 지금은 소련이 동유럽과 아시아에 위성국가와 공산주의 국가를 세우고 있고, 미국에서 스파이 활동을 한다는 명백한 증거가 나오고 있습니다.

우리의 주인공 리처드 닉슨은 눈치 빠르게 냉전의 시대정신에 편승해 '적색공포'를 조장하면서 반공주의자로 자

29　냉전 종결을 이룬 업적으로 닉슨의 '긴장 완화' 정책에 공을 돌리는 경우도 있습니다. 하지만 냉전 종결의 가장 큰 업적은 레이건 대통령의 판단과 정책에 있습니다. 미국은 그동안 소련의 힘을 너무 크게 보아 소련의 속임수에 넘어갔다고 주장하면서 냉전이든 긴장 완화든 모두 소련의 위장전술에 불과하기 때문에 힘의 논리로 소련을 이길 수 있다고 판단하고 이른바 '전략방위구상(스타워즈)' 정책을 추구했습니다.

리매김했습니다. 선거전에서 자신을 "싸우는 퀘이커교도"라고 소개하면서 자신의 모습이 그려진 헬멧을 들고 있는 팸플릿을 나누어주며 유권자에게 호소했습니다. 전투에서 싸운 경험이 없지만 공산주의자와 싸우는 투사라고 입에 발린 말을 했습니다. 공개토론에서 닉슨은 의회 내 부르히스의 투표 성향을 분석하면서 그가 공산주의에 너무나 온화한 정책을 펼친 공산주의 동조자라고 공격했습니다. 닉슨은 기습적으로 부르히스를 공격했고 갑작스러운 공격에 부르히스는 제대로 대답하지 못했습니다. 그 후부터 부르히스는 자신을 공산주의 동조자라고 믿는 유권자들과 악수를 할 수 없었습니다. 여기에 더해 모스크바가 부르히스의 당선을 위해 유권자에게 영향력을 행사하고 있다고 주장했습니다.

이와 더불어 전후 경제침체의 책임은 민주당 정권에 있음을 부각했습니다. 특히 남부 캘리포니아 지역의 주요 산업인 항공기 산업이 침체 국면에 들자 지금이야말로 변화해야 할 시기라고 주장했습니다. 닉슨은 선거를 도와줄 매니저로 변호사이자 악랄한 전략을 쓰기로 유명한 정치꾼 머레이 초티너Murray Chotiner를 고용했습니다. 초티너는 닉슨에게 "사람들은 찬성표가 아니라 반대표를 던지는 것을 선호합니다. 승리의 열쇠는 조기에 상대방을 수세에 몰아넣는 것입니다"라고 말했습니다. 닉슨은 초티너의 말에 공감했고, 초티너는 오랫동안 닉슨의 정치 매니저로 일했습니다. 선거 결과 닉슨은 57퍼센트로 당선되었습니다. 닉슨은 당시의 기분을 다음과 같이 말했습니다.

첫 선거의 승리에서 오는 흥분에 비길 수 있는 것은 아무것도 없습니다. 저와 팻은 1946년 11월 6일 정치 경력에서 경험한 어떤 순간보다도 행복했습니다.[30]

의원 활동으로 자신을 부각하다

1947년 1월 닉슨, 팻, 트리샤는 워싱턴으로 이사했고 닉슨은 연방하원에 선서했습니다. 젊고 야망 가득한 공화당원이 정치 활동을 시작하는 데 너무나 좋은 환경이 마

---

30   Ochester, *Richard M. Nixon*, p.28 재인용.

머레이 초티너

련되어 있었습니다. 무엇보다 16년 만에 처음으로 공화당
이 상하양원에서 민주당 의석을 앞서고 있었습니다.[31]
또한 2차대전 후에 시작된 냉전이라는 시대 상황 역시 닉
슨에게 물 만난 물고기 같은 분위기를 형성해주었습니다.
닉슨은 유리한 두 가지 상황을 십분 활용해 당시 하원에
서 가장 주목받는 위원회에서 활동하게 되었습니다. 부르
히스가 참가한 위원회인 하원비미활동위원회House Un-

---

[31]   제80차 미국의회 구성은 다음과 같습니다. 상원 96명 중에서 공화당이
51명으로 53.1퍼센트를 차지했습니다. 하원 433명 중에서 공화당이 245명으로 56
퍼센트를 차지했습니다.

American Activities Committee; HUAC였습니다. 냉전이라는 시대정신에서 닉슨이 반공산주의 십자군운동을 진력하기에 너무나 적합한 위원회였습니다.

호시탐탐 기회를 엿보던 닉슨에게 1948년 8월 드디어 기회가 찾아왔습니다. 뒤죽박죽이지만 영리한 공산주의자에서 〈타임Time〉 편집인으로 전향한 휘태커 체임버스Whittaker Chambers는 공손하고 부유하며 국무부 관리와 연줄이 많고 카네기국제평화재단의 회장인 앨저 히스Alger Hiss가 1930년대 말 소련 간첩으로 활동했다고 증언했습니다. 체임버스는 히스가 수십 가지가 넘는 극비문서를 소련 스파이에게 전달했다고 주장하면서 파인 호박에서 자신의 집 뒤뜰 정원에 히스가 감추었다는 정부문서를 꺼냈습니다. 이른바 '호박 문서pumpkin papers'는 히스가 직접 손으로 쓴 것도 있고 타이핑한 것도 있었습니다. 닉슨은 심문을 위해 위원회 앞에 히스를 소환해두고 체임버스와 함께 고발을 입증하기 위해 마이크로필름으로 되어 있는 정부문서를 조사하면서 이 문제에 몰두했습니다. 히스는 체임버스를 만난 적이 없다고 부인했지만 놀랍게도 체임버스와 닉슨이 옳다고 판명되었습니다. 결국 1950년 히스는 위증죄로 기소되어 감옥에 갔습니다. 히스 사건은 신참 하원의원인 닉슨을 전국적인 반공주의 스타로 부각했습

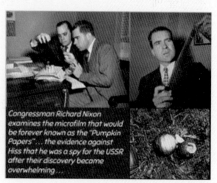

Congressman Richard Nixon examines the microfilm that would be forever known as the "Pumpkin Papers"... the evidence against Hiss that he was a spy for the USSR after their discovery became overwhelming...

호박에서 나온 필름을 조사하는 닉슨

니다. 닉슨은 1948년 재선을 준비하면서 히스 사건을 십분 활용했습니다. 상승세를 탄 닉슨은 재선에 쉽게 성공했고 그해 둘째 딸 줄리가 태어났습니다. 닉슨은 히스 사건으로 승리하고 전국적인 인물이 되었지만 후에 이 사건은 자신이 겪은 여러 위기 중 하나라고 말했습니다. [32]

하원의원으로 있는 동안 닉슨은 반공산주의 십자군인 위스콘신주 연방 상원의원 조셉 매카시Joseph McCarthy와 동지가 되었습니다. 1950년 웨스트버지니아 휠링에서 한 유

---

32 Richard Nixon, *Six Crises* (New York: Doubleday, 1962), pp.1-71.

명한 연설 자료를 매카시에게 준 사람이 바로 닉슨이었습니다. 연설에서 매카시는 "나의 손에는 국무부에서 일하는 205명의 공산당 명단이 있습니다. 그들은 국무부에서 일을 하면서 정책을 수립하고 있습니다"라는 전혀 근거없는 말을 했습니다. 시간이 지나도 매카시는 자신의 고발을 결코 입증하지 못했습니다. 매카시의 전기 작가인 토마스 리브스Thomas Reeves는 "휠링에서 매카시가 사용한 언어는 몇 주 전 연방하원에서 닉슨이 사용한 언어와 거의 동일하다"고 밝혔습니다. [33]

1947년 닉슨은 2차대전 후 폐허가 된 유럽을 시찰하도록 파견된 19명의 연방 하원의원 중 한 사람이 되었습니다. 무자비한 파괴현장을 본 닉슨은 만약 미국의 도움이 없다면 수백만 명이 굶주리고 민주정부가 생존할 수 없다고 생각했습니다. 미국으로 돌아온 닉슨은 전쟁으로 폐허가 된 유럽을 복구하는 데 도움을 주는 자금 수십억 달러를 제공하는 -당시 국무장관이었던 조지 마셜George Marshal의 이름을 딴- 마셜 플랜Marshall Plan을 적극적으로 지지했습니다. 민주당 정권하에서 다수당을 점하고 있던 공화당 의원은 외국 원조 프로그램을 강하게 반대했습니다. 하지

---

33   Thomas C. Reeves, *The Life and Times of Joe McCarthy* (New York: Stein and Day, 1982), p.223.

만 우여곡절 끝에 마셜 플랜이 통과되었고 큰 성공을 거두었습니다. 이후 닉슨은 미국이 다른 나라와 적극적인 외교에 관여해야 한다는 확고한 국제주의자가 되었습니다. 이때의 경험으로 외교는 닉슨의 정치 무대에서 핵심 주제가 되었습니다.

교활한 전략으로 더글러스를 이기다

연방 하원의원으로 두 번의 임기를 마친 1950년 닉슨은 연방 상원의원에 도전했습니다. 상대는 민주당 하원의원인 헬렌 더글러스Helen Douglas였습니다. 그녀는 전직 배우이자 유명한 할리우드 배우 멜빈 더글러스Melvyn Douglas의 아내였습니다. 매력적인 외모를 가진 그녀는 연방 하원의원에 세 번이나 당선되었다가 상원에 도전하게 되었습니다. 하지만 그녀의 상대가 닉슨이라는 점은 불운이었습니다. 이번 선거에서 닉슨은 부르히스를 상대할 때보다 훨씬 잔인한 방법을 동원했습니다. 1950년 상원의원 선거는 닉슨을 이해하는 데 중요한 분수령입니다. 닉슨은 주저하지 않고 상대를 악랄하게 코너로 몰아넣는 전략을 구사했습니다.

1950년은 이른바 '적색 공포red scare'가 최고조에 달하는 시기였습니다. 그해 1월 히스가 기소된 지 얼마 지나지 않아 전 법무부 관리인 주디스 코플론Judith Coplon과 원자탄 제조과정에 관여한 물리학자 클라우스 푹스Klaus Fuchs가 소련의 간첩 혐의로 기소되었습니다. 그해 6월 스탈린의 강력한 지원을 받은 북한이 남한을 쳐들어오는 전쟁이 발생했습니다. 10월에는 1년 전에 정권을 잡은 마오쩌둥이 북한 국경을 넘어 전쟁에 개입했습니다. 이뿐만 아니라 파급력이 큰 할리우드가 공산주의 동조자 블랙리스트를 발표하고 연이어 충성을 맹세했습니다. 대통령 해리 트루먼Harry Truman은 수소폭탄 개발을 승인했습니다.

선거운동에 임하면서 닉슨은 헬렌 더글러스가 동부의 엘리트 출신이고 남편이 돈 많은 유대인의 후손이기 때문에 화려한 선거운동을 할 수 있다고 주장했습니다. 반면 자신은 평범한 미국인 가정의 남편으로 포장했습니다. 닉슨과 팻은 나무 패널을 댄 자동차를 타고 캘리포니아 전역을 돌아다니면서 '상원의원 닉슨'이 쓰인 골무를 나누어주었습니다.

자신을 평범한 미국인으로 위장한 닉슨은 냉전의 골이 깊어가는 시대정신을 다시 한번 최대한 이용했습니다. 헬렌 더글러스는 진보적인 여성의 상징이자 프랭클린 루스벨트의 뉴딜정책을 적극적으로 지지한 바너드대학 출신이었습니다. 그는 상대 후보 더글러스에게 공산주의 허울을 뒤집어씌웠습니다. 당시 사람들은 공산주의자를 "빨갱이reds"라 불렀고 공산주의자를 동조하는 사람을 "좌익 성향의 사람pinks"이라 불렀습니다. 닉슨은 수만 장의 분홍색 전단지에 그동안 더글러스의 투표 성향은 공산주의 운동을 동정했다는 내용을 인쇄해 캘리포니아 전 지역에 뿌렸습니다. 심지어 더글러스가 분홍색 하의와 속옷을 자주 입는다고 고발했습니다. 더글러스는 순식간에 '핑크 레이디좌익 성향의 여성'가 되었습니다. 닉슨의 파상공세를 막아보고자 했지만 역부족이었습니다. 그녀는 무자비한 닉슨에게 "교활한 딕tricky Dick"이라는 별명을 지어주었는데 이 별명은 닉슨을 평생 따라다녔습니다. 선거 결과 닉슨은 그해 상원의원 선거에서 가장 많은 표 차59퍼센트로 당선되었습니다. 팻은 너무나 기뻐 다음과 같이 말했습니다.

우리는 승리한 지역의 축하파티에서 다른 지역의 파티로 돌아다니며 밤늦게까지 놀았습니다. 당시 딕은 참으로 원기

교활한 딕과 핑크 레이디

왕성했습니다. 피아노를 본 딕은 '행복한 날은 다시 여기에 Happy Days Are Here Again'를 연주했습니다. [34]

닉슨이 연주한 곡은 당시 분위기에 가장 적합한 노래였습니다. 당시 38세였던 닉슨은 미국 상원의원 중에서 나이가 가장 어렸습니다. 앞으로 닉슨에게 보장될 더 많은 업적과 더 큰 자리를 의미했습니다.

---

[34]　Ochester, *Richard M. Nixon*, p.34 재인용.

부통령 당선과 활동

아이젠하워의 러닝메이트가 되다

전국에 알려진 인물이자 공화당의 영웅으로서 2년간 연방 상원의원을 지낸 뒤 다소 지루해진 닉슨은 더 높은 곳으로 올라가기 위해 준비했습니다. 선거 매니저 초티너와 몇몇 캘리포니아 기업인의 도움으로 1952년 공화당 대통령 후보 자리를 노렸습니다.

공화당 대통령 후보 경선에는 캘리포니아주 주지사로서 진보 성향이 있는 얼 워런Earl Warren, 오하이오주 연방 상원의원으로서 보수적 고립주의자인 로버트 태프트Robert Taft, 그리고 전국에서 많은 기업인과 국제주의자의 지지를 받는 2차대전의 영웅 드와이트 아이젠하워Dwight Eisenhower가 각축을 벌였습니다. 캘리포니아 대의원들은 워런을 전당대회 주자로 생각했는데, 다수의 기업인은 그가 너무 진보적이라고 판단해 닉슨을 내세웠습니다.

닉슨은 더 높은 자리로 가는 최고의 기회는 인기 넘치는 장군과 함께하는 길에 있다는 사실을 누구보다 잘 알고 있었습니다. 정치적이고 음흉한 천재인 자신과 대중의 인기를 결합해 환상의 조합을 만들고자 했습니다. 겉으로는 같은 캘리포니아 출신인 워런을 지지한다고 표명했지만 태프트 세력에 접근해 자신과 정치 성향이 비슷한 태프트를 지지한다고 말했습니다. 그러면서도 워런과 태프트에게 미지근한 지지연설을 보냈고 아이젠하워에게는 폭넓은 지지를 보냈습니다.[35]

아이젠하워가 나토 사령관으로 있을 때 파리에서 잠깐 닉슨을 만난 적이 있습니다. 그는 당시 공화당 논리와 달리 국제주의자인 자신의 견해를 공유하는 젊은 공화당 정치인을 크게 칭찬했습니다. 닉슨은 대통령 출마 권유를 받은 장군에게 미국 정치에 관해 어떤 말도 하지 않는 편이 좋겠다고 판단했습니다. 아이젠하워는 군을 떠나 정치에 관여하면서 당시 선풍이 불었던 빨갱이 사냥에 관여하지 않은 것을 자랑스럽게 생각했습니다. 그러면서도 닉슨이 자신과 같은 국제주의적인 시각을 가지고 있다는 점을 인상 깊게 보았습니다.

국내 정치에 아는 것이 거의 없었던 아이젠하워는 정치 보좌관들에게 러닝메이트를 고르는 문제를 전적으로 맡겨두었습니다. 그들은 닉슨이 전도유망한 정치인이라

---

[35] Drew, *Richard M. Nixon*, p.13.

는 점과 캘리포니아주가 큰 선거인단을 가지고 있다는 점에 방점을 찍고 전당대회가 있기 두 달 전쯤 닉슨에게 넌지시 러닝메이트 자리를 이야기했습니다. 이 사실을 감춘 닉슨은 초티너의 제안에 따라 시카고 전당대회에 참가하기 위해 캘리포니아주 대의원들과 함께 열차를 타고 갔습니다. 1952년 7월 7일 지난 20년 동안 민주당에게 넘겨준 정권을 탈환하기 위한 공화당 전당대회가 열리기로 되어 있었습니다. 그런데 이상하게도 태프트가 아이젠하워에게 크게 밀린다는 소문이 퍼졌습니다. 물론 아무런 근거가 없는 정보였습니다. 닉슨은 같은 열차에 타고 있던 워런에게 직접 다가가 철저한 충성을 맹세했습니다. 그리고 열차에서 내려 차를 타고 전당대회에 가는 도중 캘리포니아주 대의원들에게 워런은 이길 수 없다고 말하면서 우리는 아이젠하워를 지지해야만 한다고 주장했습니다.

이 얍삽한 행위는 닉슨의 묵인 아래 초티너가 주도한 것이었습니다. 미리 손을 써서 전당대회 준비를 책임지는 역할을 맡은 초티너는 대의원들이 전당대회까지 타고 가는 버스에 부착된 워런의 배너 광고를 "대통령 아이젠하워"로 바꿔치는 묘기까지 부렸습니다. 결국 아이젠하워가 공화당 대통령 후보로 지명되었고 그는 보좌관이 추천한 러닝메이트를 선택했습니다. 아이젠하워가 자신을 러닝메이트로 선택했다는 소식을 들은 닉슨은 감격에 차 아이젠하워가 있는 스위트룸을 박차고 들어가 "대장님, 축하드립니다"라는 다소 비공식적인 언어로 말했습니다. 닉슨의 행동에 아이젠하워는 상당히 화를 냈습니다. 그 후로도 이들의 관계는 늘 이 정도 수준이었습니다.

당시 아내 팻은 시카고 레스토랑에서 친구와 함께 샌드위치를 먹고 있었습니다. 막 한 입을 물었을 때 텔레비전 뉴스에서 속보를 내보냈습니다. 아이젠하워 장군이 리처드 닉슨을 부통령 후보로 지명했다는 내용이었습니다. 팻은 "베어 문 샌드위치가 씹기도 전에 입에서 튀어나왔습니다"라고 당시를 회고했습니다.[36] 팻은 닉슨이 부통령 지명을 거절할 것이라 생각했지만 닉슨은 감격하며 받아들였습니다. 사실 팻은 선거운동을 좋아하지 않았습니다. 내심 남편이 변호사 생활로 돌아가 가족과 더 많은 시간을 보내기를 원했습니다. 하지막 막상 선거운동이 시작되자 남편의 결정을 존중하고 열정적으로 선거를 도왔습니다. 팻은 전당대회장으로 달려가 군중에게 축하받는 남편과 함께 무대에 섰습니다.

---

36   Ochester, *Richard M. Nixon*, p.35 재인용.

초급 마술로 위기에서 벗어나다

 '아이크Ike'로 알려진 드와이트 아이젠하워는 신뢰와 존경을 받는 온화한 할아버지 같은 분위기를 가지고 있었습니다. 이와 반대로 닉슨은 젊고 에너지 넘치는 싸움닭 같은 이미지였습니다. 닉슨은 공화당에 많은 동료를 만들어 두고 효과적으로 선거운동을 하는 인물로 알려져 있었습니다. 그런 만큼 아이젠하워 측은 민주당 후보를 향한 거친 당파적 공격이나 공산주의 색출 같은 임무를 닉슨에게 맡겨두었습니다.

 닉슨은 선거에서 어떤 역할을 해야 하는지 잘 아는 것처럼 행동했습니다. 민주당 대통령 후보인 애들레이 스티븐슨Adlai Stevenson을 "겁쟁이같이 봉쇄정책을 추진한 애치슨대학에서 박사학위를 받은 유화주의자 스티븐슨"이라 칭했습니다. 닉슨의 공격은 공화당에서 강하게 비판받고 있던 국무장관 딘 애치슨Dean Acheson을 연상시켰습니다. 닉슨은 강력한 당파적 열의와 거친 말투로 트루먼과 민주당을 공격했습니다. 민주당 후보 스티븐슨을 "준비가 전혀 안 된 트루먼의 조연"에 지나지 않은 사람이라고 전제하고 "미국의 핵심 제도를 오염시키는 무신론자이자 무모하고 사악한 적들과 친하게 지낸다"고 공격했습니다. [37]

얼마 후 닉슨은 재앙과도 같은 위기에 봉착했습니다. 1952년 9월 자신의 정치활동에 필요한 비용을 충당하기 위해 캘리포니아 출신의 부유한 백만장자가 기부한 '특별 비밀자금' 1만 8천 달러를 개인적으로 사용했다는 내용이 폭로되었습니다. 〈뉴욕포스트New York Post〉가 "비밀 닉슨 자금secrete Nixon fund"이라는 1면 헤드라인 뉴스로 대서특필했습니다. 당시 이러한 자금 사용이 불법이거나 전례 없는 경우는 아니었지만 닉슨을 상대로 한 폭로는 엄청난 항의를 불러일으켰습니다. 선거운동에서 상대를 거칠게 몰아붙이고 자신은 오염되지 않은 깨끗한 후보라는 이미지를 강조해온 닉슨의 공정하지 못한 태도 때문이었습니다. 닉슨을 향한 폭로와 강한 항의는 부통령 후보 자격에 의구심을 낳았습니다. 그도 그럴 것이 아이젠하워가 트루먼 행정부의 부패를 언급하며 엉망진창인 워싱턴을 정화하겠다는 공약을 내세우고 있었습니다.

위기를 직감한 닉슨은 자금이 존재한다는 사실을 인정했습니다. 하지만 단 한 푼도 유용流用하거나 오용하지 않

---

37   Morris, *Richard Milhous Nixon*, p.858.

았다고 주장했습니다. 닉슨의 선거 재정담당관은 자금 기부자는 백만장자가 아니라 작은 기업인이고 닉슨은 자금을 선거운동 비용 이외의 목적으로 쓰지 않다는 증거를 내놓았습니다. 그럼에도 의심과 비난의 강도는 더해갔습니다. 심지어 닉슨의 기회주의적 성향과 도덕성에 대한 의심이 증폭되었습니다. 많은 공화당 인사가 닉슨의 사퇴 문제를 언급했습니다. 최종결정권을 가진 아이젠하워는 보도된 비밀자금에 대해 아무런 반응을 보이지 않았습니다. 닉슨이 스스로 결정해야 한다는 의미였습니다. 닉슨은 아이젠하워에게 다소 저속한 말로 불만을 표출했습니다.

이 문제로 당신이 똥을 싸거나 똥통을 치워야 할 때가 다가올 것입니다.[38]

저속한 표현에 익숙하지 않은 위엄 있는 아이젠하워는 닉슨을 더는 달가운 사람으로 여기지 않았습니다. 공화당의 인사 결정권을 가진 아이젠하워의 부정적 시각에도 닉슨은 부통령 후보직을 유지했습니다. 운명을 직감한 닉슨은 공개적으로 자신을 변호할 기회를 요구했습니다. 공화당 선거본부는 아이젠하워의 승인하에 전국으로 송신

---

38   Small, *The Presidency of Richard Nixon*, p.14.

되는 텔레비전 방송에서 30분 동안 연설할 수 있는 기회를 주선해주었습니다. 이 주선은 아이젠하워가 닉슨이 연설 마지막에 사임하겠다는 의향을 표해줄 것을 넌지시 말하면서 이루어졌습니다. 닉슨의 연설이 대중에게 큰 지지를 받는다면 닉슨을 부통령 후보로 계속 둘 것인지 아닌지 결정할 계획이었습니다. 하지만 닉슨은 아이젠하워의 제안을 아예 무시해버렸습니다.

방송이 시작하기 몇 분 전 닉슨은 아내 팻에게 "이 문제를 단번에 해결할 수 있으리라 생각지 않아요"라고 신경질적으로 말했습니다. 팻은 "당신은 할 수 있어요"라고 말하면서 남편의 손을 잡고 스튜디오로 나왔습니다. 닉슨은 미국 역사상 가장 많은 약 6천만 명의 시청자 앞에서 차분하게 말했습니다. 자신을 평범한 재산을 가진 솔직한 사람으로 소개하면서 가능한 한 자금 문제에 대해 말하지 않았습니다. 닉슨은 기부받은 돈의 단 1페니도 개인적으로 유용하지 않았다고 말하면서 집안이 사용한 지출 내역을 조목조목 드러냈습니다.

결코 많은 돈이 아닙니다. 그럼에도 저와 팻은 만족하며 살고 있습니다. 우리는 한 푼 한 푼 정직하게 벌었습니다. [39]

---

39   Richard Nixon's Checkers Speech (September 23, 1952).

체커스 연설 후

연설 막바지에 다다라 닉슨은 주의를 다른 데로 돌리는 두 가지 양동작전에 돌입했습니다. 먼저 아내의 '단정한' 옷을 만지며 값비싼 밍크 코트가 아니라고 말했습니다. 그다음 너무도 안 어울렸지만 닉슨을 이기게 한 전략이자 마술 같은 말을 했습니다. 닉슨은 기부자에게 받은 선물이 있다고 말했습니다. 검은색과 하얀색 털이 섞인 체커스Checkers라는 이름의 코커스패니얼 한 마리였습니다. 닉슨은 동정심을 자아내는 얼굴로 다음과 같이 말했습니다.

여러분도 아시다시피 제 아이들은 이 개를 무척 사랑합

니다. 저는 지금 이렇게 말하고 싶습니다. 그들이 어떤 말을 하든 우리는 이 개를 지킬 것입니다.[40]

시청자의 긍정적인 반응을 직감한 닉슨은 아이젠하워에게 압력을 가하기 위해 공화당전국위원회로 지지 전보를 보내달라고 말했습니다. 닉슨이 연설을 마치자마자 약 400만 통의 전보가 날아들었습니다. 대부분 닉슨이 부통령 후보로 남아야 한다는 내용이었습니다. 닉슨을 부정적으로 평가하는 사람들은 체커스 연설이 위선으로 가득했다고 비판했습니다. 그들은 닉슨이 문제의 핵심인 비밀 자금에 대해서는 말하지 않고 가족을 향한 연민을 자극해 시청자를 우롱했다고 믿었습니다.

닉슨은 곧바로 아이젠하워와 선거운동을 하기 위해 웨스트버지니아로 갔습니다. 닉슨을 만난 아이젠하워는 애써 웃음을 짓고 "당신은 내 사람입니다"라는 말로 환영했습니다. 두 사람은 비록 대통령과 부통령에 당선되어[41] 같은 정부에 속해 있었지만 서로를 신뢰하지 않았습니다.

---

40   Ibid.

41   아이젠하워와 닉슨 조합은 민주당의 애들레이 스티븐슨과 존 스파크먼(John Sparkman) 조합을 상대로 일반투표에서 55퍼센트를, 선거인단 투표에서 442표를 획득해 선거에서 무난히 승리했습니다.

닉슨은 이 사건을 두고 자신이 인생을 살아온 방식 -적에게 공격을 받았지만 어떻게든 적을 물리치고 다시 돌아오는 마법사의 테크닉- 의 전형이라 생각했을 것입니다. 닉슨에게 인생은 투쟁이었습니다. 그에게 투쟁 없는 인생은 물 없는 물고기와 마찬가지였습니다. 닉슨은 자서전과도 같은 책에서 이 사건에 대해 다음과 같이 썼습니다.

저는 혼자만의 투쟁이라고 느꼈습니다. 친구라고 생각했던 많은 사람에게 버림을 받았습니다. [42]

새로운 이미지로 부통령 후보가 되다

대통령에 당선된 아이젠하워는 부통령 닉슨에게 중요임무를 맡기겠다고 약속했습니다. 주로 국제 문제를 다루

---

[42]   Nixon, *Six Crises*, p.102.

는 외교 관련 임무였습니다. 역대 부통령이 존재의 이유를 드러내지 못한 반면 닉슨은 미국 역사상 가장 바쁘고 활동적인 부통령이었습니다. 닉슨은 세계 여러 나라를 친선 방문하면서 미국 외교정책의 전문가가 되어갔습니다. 외교는 닉슨이 공직자로서, 그리고 후에 대통령을 지내면서 가장 중점을 둔 분야였습니다.

닉슨은 공화당 내 정치에도 헌신했습니다. 당내 정치활동에 참여하거나 선거를 통해 공직을 맡은 적이 없었던 아이젠하워는 공화당에서 아웃사이더였습니다. 반면 닉슨은 인사이더였습니다. 당을 위한 자금 모금활동에 적극적으로 참여했을 뿐만 아니라 전국에서 수십 명의 공화당 후보를 위한 선거운동을 펼쳤습니다. 여기에 더해 닉슨의 명백한 특기라고 할 수 있는 분야, 즉 다양한 분야에서 민주당 지도부와 끊임없이 대척점에 서곤 했습니다. 민주당은 대통령 아이젠하워에 관해서는 아무런 꼬투리를 잡지 않았지만 부통령 닉슨은 미움을 넘어 경멸하기까지 했습니다. 〈워싱턴포스트 Washington Post〉의 시사만평가이자 허블록 Herblock으로 알려진 헐버트 블록 Herbert Bolck은 닉슨의 "안쪽이 약간 구부러진 스키 모양 코 ski-jump nose, 살찐 턱 fleshy-jowls, 아침에 면도를 했지만 오후에 다시 자라난 짙은 수염 heavy five-o'clock shadow"을 과장해 표현하면서 그의

닉슨의 스키 모양 코

사악한 면을 부각했습니다. [43]

1955년 9월 22일 닉슨은 아이젠하워가 심장병으로 고통받고 있다는 사실을 알게 되었습니다. 대통령의 의무와 책임을 공식적으로 넘겨받지는 않았지만 부통령 닉슨은 여러 부수적인 책임을 떠맡으면서 재치와 권위로 새로운 상황을 잘 관리해나갔습니다. 6주가 지나 아이젠하워가

---

43   Ochester, *Richard M. Nixon*, p.40 재인용. 닉슨의 이런 모습은 후에 많은 연구자에 의해 종종 인용되곤 했습니다.

백악관으로 돌아왔습니다. 1956년 2월이 되자 재선에 도전하겠다고 선언했습니다. 그러자 아이젠하워 대통령을 둘러싼 공화당 인사와 여러 중도파가 이번에는 닉슨을 부통령 후보에서 탈락시키고자 했습니다. 아이젠하워마저 닉슨에게 의구심을 품은 상태에서 "닉슨은 정당하게 성장하지 못했고, 더 많고 다양한 행정 경험이 필요하다. 그러니 닉슨 카드를 버려라"라는 당내 목소리가 높아졌습니다.[44] 공화당뿐만 아니라 상대당인 민주당도 닉슨에게 집중 공격을 가했습니다. 민주당은 또다시 애들레이 스티븐슨을 후보로 지명했습니다. 민주당은 아이젠하워가 재선하더라도 임기 중에 사망할 수 있다는 가능성을 선동적으로 제기했습니다.

닉슨이 걱정되지 않습니까? 그가 대통령이 된다면 어찌하려고 하십니까?[45]

닉슨은 아무런 대꾸도 하지 않고 '새로운 닉슨new Nixon'의 이미지를 창조했습니다. 자신의 특기이자 전략이었던

---

44   Small, *The Presidency of Richard Nixon*, p.17.

45   Ochester, *Richard M. Nixon*, p.41 재인용.

악한 공격성을 내면 깊숙이 감추고 사려 깊고 합리적인 사람이라는 점을 부각했습니다. 닉슨은 오로지 아이젠하워 행정부의 업적만을 부각하면서 더는 상대를 사악하게 공격하지 않았습니다. 공화당 인사뿐만 아니라 대부분의 유권자도 너무나 쉽게 닉슨의 전략위선에 넘어갔습니다. 닉슨은 다시 공화당 부통령 후보가 되었고 11월 선거에서 승리했습니다. 8년간 부통령을 지낸 닉슨이 1960년 선거에서 공화당 대통령 후보가 되는 일은 식은 죽 먹기보다 쉬웠습니다.

외교 전문가로 변신하다

1956년 선거가 다가오자 닉슨은 지난 선거에서 치른 곤욕의 원인이 무엇인지 생각했습니다. 정치를 시작하면서 자신의 주특기가 된 맹렬한 공격 때문이었습니다. 닉슨은 공격을 그만두고 자신을 사려 깊고 합리적 사람으로 보이게 해서 재선에 성공했습니다. 이제 자신에게 새로운 이미지를 씌워야만 했습니다. 고심 끝에 닉슨이 내린 결론은 아이젠하워 대통령이 턱없이 부족했던 외교 분야의 전문가가 되는 것이었습니다. 때마침 냉전이라는 시대의 조류는 물론 이른바 제3세계 국가의 태동이 감지되면서 외교 문제가 어느 때보다 중요하게 작용하리라고 직감했습니다.

1958년 봄이 되자 닉슨은 팻과 함께 남아메리카 친선 방문을 시작했습니다. 며칠간은 순조롭게 진행되었으나 페루의 수도 리마에 도착했을 때 시위대가 남미에 대한 미국의 '제국주의적 정책'을 그만둘 것을 강력하게 항의했습니다. 그들은 닉슨을 향해 돌과 빈 병과 오렌지를 던졌습니다. 페루의 상황은 아무것도 아니었습니다. 닉슨이 베네수엘라 카라카스공항에 도착했을 때 반미 시위대가 나타나 닉슨 부부를 향해 담배로 갈색이 된 타액을 마구 내뱉었습니다. 자동차 행렬이 공항을 빠져나가자 수백 명의 성난 시위대가 닉슨이 탄 차량을 향해 곤봉과 쇠파이프를 휘두르며 돌을 던졌습니다. 운전수는 몰려든 군중을 뚫고 앞으로 나아갈 수가 없었습니다. 온갖 욕설이 난무하는 가운데 시위대가 닉슨이 탄 차량을 뒤엎으려 했습니다. 닉슨 일행은 베네수엘라 경찰이 출동해 바리케이드를 친 후에야 공항에서 빠져나올 수 있었습니다.

화가 난 시위대와 곤혹을 치르는 부통령 닉슨의 모습이 미국 주요 일간지 첫 페이지에 게재되었습니다. 기자들은 하나같이 부통령 닉슨의 용감한 행동을 칭찬했습니다. 닉슨 부부가 워싱턴에 복귀할 때 대통령 아이젠하워와 1만 5천 명이 넘는 시민이 공항에 나와 닉슨을 환영했습니다. 그들은 닉슨을 영웅처럼 환호했습니다. 전쟁에서 승리한 고대 로마 장군이 4륜 마차를 타고 개선凱旋하는 모습을 연상시켰습니다. 남미에 방문하면 자신의 지지도가 상승하리라고 예상했는지는 모르겠습니다. 다만 이때부터 외교 문제에 적극 개입하면 자신의 부정적인 이미지를 바꿀 수 있다고 확신한 것은 분명해 보입니다. 닉슨은 외교 문제로 자신을 영웅으로 만들고 여세를 몰아간다면 다가오는 대통령선거에서 이길 수 있다고 생각했습니다.

1959년 미국과 소련의 냉전이 고조되는 가운데 닉슨은 공산주의 아지트인 모스크바를 방문했습니다. 이번에는 미국은 물론 전 세계의 스포트라이트를 받았습니다. 소련을 방문한 닉슨은 모스크바에서 개최한 미국 국립박람회American National Exhibition의 성대한 개막식이 열리는 동안 소련 지도자 니키타 흐루쇼프Nikita Khrushchev와 함께 박람회를 위해 설치된 모형 부엌에서 서로의 체제인 자본

부엌 논쟁

주의와 공산주의의 이점에 대한 토론을 벌였습니다. 이 보기 드문 장면은 1958년 말에 소련과 미국이 상호 문화 교류에 대한 새로운 강조의 일환으로 서로의 국가에서 전시회를 열기로 합의하면서 연출될 수 있었습니다. 소련 전시회는 1959년 6월 뉴욕에서 열렸습니다. 이제 답례로 모스크바 소콜니키공원에서 미국 전시회가 열리게 되었습니다. 닉슨은 전시회가 대중에게 공식적으로 공개되기 전인 7월 24일 이 기막힌 장면을 연출했습니다.

소위 '부엌 논쟁'으로 알려진 토론에서 닉슨은 흐루쇼프의 적대적인 질문에 능수능란하게 대답했습니다. 닉슨은 공산주의 통제와 호전성에 반한 자본주의 체제의 개인적 자유의 이점과 세계평화의 필요성을 강조했습니다. 부엌 논쟁의 녹화 방송이 미국은 물론 전 세계의 텔레비전으로 방송되었습니다. 닉슨은 흐루쇼프에 맞서 세계평화를 강조했다는 점에서 폭넓은 칭찬을 받았습니다. 이 또한 닉슨이 예견한 결과인지 모르지만 외교 문제에 관여하면 자신이 기대한 것 이상으로 지지도가 상승한다는 사실을 명확히 인식했습니다. 이제 닉슨에게는 더 거칠 자리가 없어 보였습니다. 닉슨은 이 나라, 아니 세계 최고의 자리가 눈앞에 다가왔음을 직감했습니다.

05

대통령선거

가장 부러웠던 케네디에게 패배하다

미합중국 부통령이 된 닉슨은 일반 사람은 상상도 못할 명성과 성공을 얻었습니다. 그럼에도 닉슨은 만족하지 못했고 여전히 불안해했습니다. 그는 일종의 피해망상증을 가지고 있었고 이를 분노와 투쟁으로 해결하고자 했습니다. 케이티 마튼은 "매카시즘이 발호한 시대와 인간의 과대망상이 맞물렸다"고 비판하면서 "닉슨처럼 권력과 인정에 굶주린 남자에게 부통령직은 자아붕괴를 경험하는 일"이라고 주장했습니다.[46]

이제 정치가로서 닉슨이 정복해야 할 자리는 단 한 곳뿐이었습니다. 미국 대통령이 되는 것이었습니다. 1960년 선거철이 되자 닉슨은 아이젠하워 행정부의 성공한 부통령으로서 너무나 자연스럽게 공화당 대통령 후보 지명전에 나서겠다고 선언했습니다.

1959년 7월 시카고에서 공화당 전당대회가 열렸습니다.

---

46   케이티 마튼, 이창식 옮김, 「숨은 권력자, 퍼스트레이디」 (서울: 이마고, 2002), pp.267-277.

8년간 부통령을 지냈고 이미지 변신에 성공해 미국은 물론 세계적인 지지층을 확보한 닉슨이 공화당 대통령 후보가 되는 데 큰 반대가 없었습니다. 뉴욕 주지사 넬슨 록펠러Nelson Rockefeller가 경쟁에 뛰어들었지만 전당대회 전날 저녁 뉴욕에 있는 아파트에서 이루어진 은밀한 만남에서 록펠러는 닉슨을 지지하겠다는 입장을 정리했습니다. 닉슨은 록펠러를 염두에 두지 않았지만 그가 이끄는 당내 자유주의자의 지지를 얻기 위해서는 록펠러를 끌어들일 수밖에 없었습니다. 닉슨은 마음이 내키지 않았지만 록펠러가 제시한 국가방위비를 증대하고 시민권을 강화하는 프로그램을 수용하면서 독보적인 후보가 되었습니다. 전당대회에서 경선에 끝까지 참가한 애리조나주 상원의원 배리 골드워터Barry Goldwater가 단 10표를 확보한 데 반해 닉슨은 1,321표를 얻어 공화당 대통령 후보가 되었습니다.

후보 수락연설에서 닉슨은 자신의 강점을 다시 한번 강조해 다가올 본선에서 완승할 가능성을 노렸습니다. 아니, 확신했습니다. 다름 아닌 소련 방문에 관한 내용이었습니다.

소련에 방문했을 때, 흐루쇼프 씨가 "앞으로 우리의 자손은 공산주의 체제 아래 살 것입니다"라고 말했습니다. 그러나 저는 이렇게 말했습니다. "우리의 자손이 자유체제 아래 살도록 합시다."[47]

닉슨과 공화당은 소수세력을 위한 민권법 강화, 강한 반공산주의 외교노선 추구, 중공red china의 지속적인 유엔 가입 반대, 미국 안보를 위한 무한정의 국방비 증액, 실업 수당 확대, 자연자원 보존, 국가부채 축소, 대통령 거부권 권한 강화 등을 강령으로 내걸었습니다.[48]

공화당 전당대회에서 당원들은 닉슨이 대통령에 당선된 것처럼 환호했습니다. 닉슨 역시 쉬운 선거가 되리라 생각하고 당 차원의 특별한 선거운동을 바라지 않았습니다. 닉슨은 범퍼 스티커에 슬로건을 달고 다니거나 선거운동 장소를 고르는 등 선거운동 전반을 직접 주도했습니다. 특히 50개 주 모두 방문하는 맹렬한 선거운동을 전개했습니다. 단순히 한 지역이나 주가 아니라 전국을 상대하는 선거에서는 당이나 다른 사람의 도움을 받는 일이 너무나 당연했습니다. 하지만 닉슨은 당선된 것이나 다름 없는 선거에서 유권자에게 자신의 진정성만 보여주면 아

47　Address Accepting the Presidential Nomination at the Republican National Convention in Chicago (July 28, 1960).

48　Ibid.

무 문제 없다고 생각했습니다. 선거에서 반드시 이겨야 한다는 강박관념으로 닉슨은 직접 계획하고 행동했습니다.

그러나 문제가 생겼습니다. 잘생기고 젊은 존 F. 케네디가 민주당 대통령 후보로 결정되었습니다. 케네디는 닉슨과 연방상원에서 우정을 쌓은 친구였습니다. 소속 정당은 달랐지만 연방상원에 함께 진출한 케네디와 닉슨은 진정한 우정 관계를 유지했습니다. 케네디는 닉슨이 가장 부러워하고 적대시한 배경의 모든 것동부 명문대 출신, 특권층, 부자, 카리스마, 매력, 그리고 훌륭한 인맥 등을 가지고 있었습니다. 케네디는 친할아버지는 물론 외할아버지도 훌륭한 정치인이자 부자였습니다. 특히 가난한 닉슨의 아버지와 달리 케네디의 아버지는 부유한 투자 은행가이자 런던 주재 미국대사를 지낸 민주당에서 막강한 권한을 가지고 있었습니다. 케네디는 최고의 예비학교를 나와 동부의 명문사학 하버드를 졸업했습니다. 언제나 자신감 넘치고 여유 있는 케네디는 어딘가 어색한 닉슨과는 완전히 달랐습니다.

닉슨은 정치 초심자나 다름없는 케네디가 민주당 대통령 후보가 될 줄은 꿈에도 생각하지 못했습니다. 케네디가 상대 주자가 되자 특권층 출신이 아닌 자신과 비교되어 왠지 모를 두려움이 더해갔습니다. 닉슨은 학창시절은 물론 정치생활을 하면서 자신과 달리 좋은 배경을 가진 상대를 '헝그리 정신'으로 이겨왔습니다. 명확하지 않은 악의적 프레임을 씌워 상대를 코너로 몰아넣는 교활한 전법이 닉슨의 주특기였습니다. 하지만 케네디는 닉슨이 교활한 전법을 사용하기 버거운 상대였습니다. 케네디에게는 히스나 더글러스처럼 악의적인 프레임을 씌울 명분이 없었습니다. 가톨릭 신자 문제, 복잡한 여성 문제, 그리고 건강 문제 등이 있었지만 막대한 선거자금과 영향력으로 잘 대응하고 있었습니다. 또한 닉슨이 부통령이 되면서 선동하고 고발하는 닉슨이 아니라 사려 깊고 정책 중심으로 연설하는 '새로운 닉슨'의 이미지를 구축했기 때문에 또다시 간사한 방법에 의존하기 어려웠습니다. 닉슨은 8년 동안이나 부통령을 지냈기 때문에 대통령이 된다면 아이젠하워 행정부의 정책을 계승하는 동시에 자신만의 다른 무언가를 보여주어야만 했습니다. 닉슨은 유권자에게 다음과 같이 말했습니다.

기록은 유지하는 것이 아닙니다. 새로 세워가야 하는 것입니다.[49]

49　Ochester, *Richard M. Nixon*, p.45 재인용.

케네디는 미국경제를 발전시켜 미국을 다시 움직이게 하겠다고 공언하며 이른바 '새로운 프런티어new frontier'를 약속했습니다. 이렇다 할 공격의 빌미를 찾지 못하고 있는 가운데 닉슨은 참모에게 자신보다 훨씬 덜 알려진 케네디와 가능한 한 어떤 토론도 삼가라는 조언을 받았습니다. 참모는 100년 전 에이브러햄 링컨Abraham Lincoln이 무명이었던 시절 유명한 스티픈 더글러스Stephen Douglas와 토론한 결과를 언급하며 어떠한 토론도 민주당 후보가 유권자에게 가깝게 다가가는 기회를 만든다고 주장했습니다. 그러나 닉슨이 누구인가요? 학창시절 토론에서 발군의 실력을 발휘한 경험이 있지 않은가요? 정치를 하면서 그동안 갈고닦은 경험이 있지 않은가요? 닉슨은 토론 초기에 승리를 확신하고 네 번에 달하는 텔레비전 토론을 수용했습니다.

첫 번째 토론이 열리기 몇 주 전 닉슨은 무릎 부상을 당했습니다. 상처가 감염되어 2주 동안 병원 신세를 져야만 했습니다. 병원에서 퇴원하고 바로 지독한 독감에 걸려 고열과 오한에 시달렸습니다. 그런데도 선거운동을 멈출 수 없었고 1960년 9월 26일 케네디에게 약속한 첫 번째 토론 시간이 다가왔을 때 닉슨은 살이 빠져 셔츠 칼라가 헐렁한 모습이었습니다. 카메라가 돌아가자 닉슨은 더욱 창백해 보였습니다. 설상가상으로 닉슨이 입은 회색 양복이 창백함과 긴장감을 더했습니다. 반면 케네디는 살짝 그을린 피부에 잘 어울리는 검은 양복을 입어 건강하고 여유 있어 보였습니다.

토론에서 케네디가 닉슨의 아픈 곳을 공격했습니다. 아이젠하워 정부가 미국과 소련 사이에 '미사일 갭missile gap'을 허용했다고 고발했습니다. 또한 공산주의자 피델 카스트로Fidel Castro가 쿠바를 지배했다고 강조했습니다. 아이젠하워가 아니라 8년 동안 부통령을 지내면서 외교로 공산주의를 잘 관리했다고 자랑하는 닉슨을 공격한 것이었습니다. 이 질문에 대답할 때 얼굴이 땀으로 젖은 닉슨의 모습이 근접 카메라에 잡혔습니다. [50]

50　First Kennedy-Nixon Debate (September 26, 1960). 케네디 행정부에서 국무장관을 지낸 로버트 맥나마라(Robert McNamara)는 미사일 갭이 없다고 폭로했습니다. 첫 번째 토론에서 닉슨을 당황케 한 질문은 민권과 관련된 주제였습니다. 그동안 민주당은 남부 백인의 지지가 압도적이었고 흑인의 지지는 미미했습니다. 선거를 맞은 케네디는 흑인 민권 문제에 다소 머뭇거리는 닉슨과 달리 흑인 민권을 확대하겠다고 약속했습니다. 그때까지만 해도 선거 전략상 내세운 외침이었을 뿐 민주당도 케네디도 실제로는 큰 관심이 없었습니다. 그럼에도 흑인 민권은 닉슨을 떨어뜨리고 케네디를 대통령에 당선시키는 데 적지 않은 역할을 했습니다. 또한 공화당을 지지했던 흑인을 민주당으로 돌아서게 하는 계기가 되었습니다. 대통령이 된 케네디는 재선을 해야 하는 입장에서 남부 백인의 눈치를 볼 수밖에 없었습니다. 그러나 시간이 지나면서 흑인의 민권 문제에 대한 진정성을 이해하고 궁극적으로 민권법을 약속했습니다. 암살당해 서명하지 못했지만 린든 존슨 대통령이 뒤이어 서명했습니다.

미국 선거 사상 처음으로 전국에 방송되는 텔레비전 토론이었기 때문에 파장이 더욱 컸습니다. 약 8천만 명의 시민이 첫 번째 토론을 지켜보았습니다. 대부분의 시민은 텔레비전 대신 라디오로 닉슨의 연설을 들었습니다. 첫 번째 토론의 승자는 당연히 베테랑 닉슨이 아닌 신참 케네디에게 돌아갔습니다. 체커스 연설을 기억하는 시청자는 닉슨이 카메라에 적응해 남은 세 번의 토론에서 지지를 만회할 수 있으리라 생각했습니다. 하지만 텔레비전 토론은 닉슨의 표를 갉아먹는 벌레와도 같았습니다.

선거일이 다가오면서 닉슨은 긴장한 만큼 많은 상처를 입었습니다. 결국 유권자의 지지는 막상막하가 되었습니다. 일반투표 총 6,800만 표 중에서 케네디가 닉슨보다 11만 3천 표를 더 얻었습니다. 고작 0.19퍼센트 차이였습니다. 선거인단 투표에서는 케네디가 303표를, 닉슨이 219표를 얻었습니다. 인구가 많은 주에 사는 유권자의 수천 표가 선거인단의 결과를 바꿀 수 있었습니다. 공화당은 텍사스와 일리노이에서 선거부정이 있었고 이를 바로잡으면 결과를 바꿀 수 있다고 주장했습니다. 심지어 아이젠하워 대통령도 닉슨에게 재개표를 요구했습니다. 하지만 닉슨은 당과 대통령의 요구를 거부했습니다. 재개표는 정치적 혼란만 가중한다는 것이 닉슨의 거부 이유였습니다. 놀랍게도 닉슨은 당시 모든 사람에게 재개표를 요구하지 않겠다고 발표했습니다. 닉슨은 "결정을 질질 끌면 이 나라에 이루 헤아릴 수 없는 손해를 끼칠 수 있습니다. 지금까지 미국 대통령직을 훔친 사람은 아무도 없습니다"라고 말하며 결과에 승복했습니다. [51] 당시 여론과 후대의 전문 연구자는 "매우 정치가답고 이기심 없는 행동이었다"고 닉슨을 치켜세웠습니다. [52] 하지만 이는 사실과 전혀 달랐습니다. 오랫동안 〈뉴스위크Newsweek〉의 기자와 〈워싱턴포스트〉의 편집국장을 지낸 벤자민 브래들리Benjamin Bradlee는 닉슨의 행동을 다르게 파악했습니다.

실제 상황은 이러했습니다. 로저스는 시카고와 쿡카운티의 민주당원에 의해 많은 투표가 불법으로 이루어졌지만, 공화당원에 의해 일리노이주 남부지역에서 이에 못지않은 부정투표가 저질러졌다고 보고했습니다. 저는 공화당이 민주

---

[51]   Anthony Summers, *The Arrogance of Power: The Secret World of Richard Nixon* (New York: Penguin Books, 2001), p.207.

[52]   Stephen E. Ambrose, *The Education of a Politician 1913-1962* (New York: Simon & Schuster, 1987). 앤서니 서머스(Anthony Summers)는 물론 닉슨 연구로 유명한 스티븐 앰브로즈(Stephen Ambrose)는 닉슨의 선거 결과 승복을 높이 평가했습니다. 심지어 닉슨을 비판한 연구자도 닉슨의 이 행동에 대해서는 상당 기간 긍정적인 평가를 내렸습니다.

당과 같은 일을 저지르지 않았다면 닉슨이 부정투표에 이의를 제기했으리라고 확신합니다. 그는 부정투표에 대항할 힘을 가지고 있었지만 그 힘을 사용하지 않았습니다. 닉슨이 이의를 제기하지 않은 것은 그의 말처럼 "국가에 해를 줄 수 있다"는 이타심의 발로라기보다 자신에게 돌아올 위험이 더 크다는 정치적 판단을 내렸기 때문입니다. [53]

닉슨의 됨됨이로 비추어볼 때 저는 브래들리의 주장이 전적으로 타당하다고 생각합니다. 2000년에는 박빙의 승부를 겨룬 공화당 조지 부시George Bush와 민주당 앨 고어 Al Gore의 선거 결과를 두고 긴 싸움이 벌어졌습니다. 닉슨이 1960년 위선적인 행동으로 국민의 환심을 산 지 40년이 지났고 사망한 지 6년이 된 후에도 사람들은 대통령선거 결과에 대한 성공적인 승복 사례를 닉슨에게서 찾았습니다. 그들은 닉슨의 행동이 담대하고 위대한 정치가답다고 여겼습니다. 닉슨은 죽어서까지 위선의 힘을 발휘했습니다.

닉슨의 위선은 1960년 선거에서 텔레비전의 막강한 위력에 패배의 쓴잔을 마신 후부터 더 극심해졌습니다. 선거에서 패배한 닉슨은 텔레비전으로 각지고 턱수염이 덥

---

[53]   Benjamin C. Bradlee, *Richard M. Nixon, in Power and Presidency* (ed.), Robert Wilson (New York: Affairs, 1999), pp.105-106.

수록한 자신의 얼굴과 깔끔하고 잘생긴 케네디의 모습을 보며 패배의 아픔을 달랬습니다.

주지사 도전 실패와 마지막 기자회견

닉슨을 반대한 사람들은 그가 1960년 대통령선거에 패배한 후 드디어 정치를 그만둘 것이라 생각했습니다. 닉슨의 진면목은 물론 지고는 못 사는 기개와 놀랄 만한 회복 탄력성을 과소평가한 것입니다.

선거가 끝나고 닉슨은 캘리포니아로 돌아와 로스앤젤레스에 있는 큰 로펌에 들어갔습니다. 변호사직으로 많은 수입을 얻었지만 전혀 만족스럽지 않았습니다. 대통령이 된 케네디의 제안에 닉슨은 「여섯 개의 위기Six Crises」라는 정치 회고록을 집필했지만 이 또한 닉슨을 자극하는 일이 아니었습니다. [54]

• **54**　Small, *The Presidency of Richard Nixon*, p.21.

닉슨은 우연히 캘리포니아 지역의 공화당원 모임에 참석했습니다. 그들은 닉슨에게 다가오는 주지사 선거에 나갈 의사가 있는지 물었습니다. 적극적으로 권유했다기보다는 의사를 타진하는 정도였지만 닉슨은 현직 주지사인 민주당 에드먼드 팻 브라운Edmund Pat Brown을 상대로 주지사에 도전하겠다고 선언했습니다. 부통령을 지내고 대통령선거에서 근소한 차이로 패한 닉슨이 갑자기 주지사 선거에 출마하겠다고 나서자 당시 주지사 자리를 염두에 둔 주자에게 적지 않은 미움을 샀습니다. 특히 공화당 내 보수주의자에게 적극적인 지지를 받은 조셉 셸Joseph Shell이 주지사 후보 예비선거에 도전했습니다. 셸은 닉슨이 기회주의자에 불과하며 진정한 보수주의 대의를 따르지 않는다고 공격했습니다. 우여곡절 끝에 예비선거를 통과해 캘리포니아 주지사 후보가 되었지만 닉슨은 당내 보수주의자의 지지를 받지 못했습니다.

닉슨은 주지사 후보가 되어 선거운동을 펼쳤지만 마음은 백악관에 가 있었습니다. 캘리포니아 주지사직은 그저 대통령이 되기 위한 간이역이었습니다. 어쨌든 대통령이 되려면 선거에서 이겨야만 했습니다. 지난 대통령선거에서 패배한 후 닉슨은 어떤 수단과 방법을 동원해서라도 선거에서 이기고자 했습니다. 닉슨은 하원의원과 상원의원 선거 때처럼 상대에게 악의적 프레임을 씌우는 전략을 다시 꺼내 썼습니다. 상대 후보 팻 브라운이 공산주의에 너무 유약하다고 고발하는 전략이었습니다. 하지만 냉전이 격화된 초기와 달리 1962년 시대정신은 근거가 명확하지 않은 선동정치를 허용하지 않았습니다. 악의적 프레임을 씌우는 전략을 사용했지만 닉슨은 주지사 선거에서 팻 브라운에게 5퍼센트 차이로 패배했습니다. 닉슨은 또다시 패배의 쓴잔을 마셨습니다. 부통령을 두 번이나 지내고 근소한 차로 선거에서 패배했다는 사실에 분노했습니다.

선거에서 패배했다면 패배의 원인을 면밀히 검토해보아야 합니다. 단정할 수는 없지만 1962년 주지사 선거에서 닉슨이 패배한 원인은 대체로 이러합니다. 먼저 캘리포니아의 공화당이 단합을 하지 못했습니다. 전통적인 공화당 세력인 보수주의자는 처음부터 닉슨이 후보자라는 사실을 달가워하지 않았습니다. 비록 근소한 차였지만 케네디가 속한 민주당은 나날이 지지도를 높여가고 있었습니다. 이뿐만 아니라 앞에서 언급했듯이 냉전 이데올로기 논쟁은 선거 당시 이미 구식이 된 전략이었습니다. 그럼에도 닉슨은 자신이 패배한 원인이 전적으로 언론에 있다고 생각했습니다.

닉슨은 선거 다음 날 화가 가시지 않은 채로 기자회견을 자처했습니다. 먼저 브라운에게 축하를 보낸 뒤 잠시 머뭇거리다가 언론을 질타하면서 공격했습니다. 닉슨은 언론이 14년 전 히스 사건 이후 선거 때마다 불공정한 보도를 일삼았다고 말했습니다. 그리고 이것이 자신의 마지막 기자회견이라고 말했습니다.

여러분! 언론인 모두 제가 졌다고 기뻐하니 이제 저의 입장을 밝히고자 합니다. 저는 이만 떠나고자 합니다. 여러분은 이 말을 옮겨 쓸 수 있습니다. 해석할 수도 있습니다. 그것은 여러분의 권리입니다. 하지만 저는 모두가 알게 되기를 원합니다. 제가 이 자리를 떠나 여러분이 얼마나 많은 것을 잃게 될지 생각해보십시오. 여러분은 이제 닉슨을 괴롭힐 필요가 없습니다. 저의 마지막 기자회견이니까요. [55]

닉슨은 분노의 기자회견에 대해 보좌관이나 당내 지지자와 상의하지 않았습니다. 닉슨의 정치적 성공과 미래의 가능성이 완전히 사라진 것처럼 보였습니다. 심지어 언론도 닉슨이 정치를 그만둔다고 믿었습니다. 〈타임매거진

---

[55]   Richard Nixon's press conference (November 8, 1962).

Time Magazine)은 "기적이 일어나지 않는 한 그의 정치 경력은 끝이 날 것입니다"라고 썼습니다. 닉슨과 경쟁한 팻 브라운은 "닉슨이 평생 후회할 일임은 분명합니다. 하지만 그가 잊히도록 언론이 내버려두지 않을 것입니다"라고 말했습니다. [56] 1994년 〈뉴욕타임스 New York Times〉는 닉슨의 사망 기사를 보도하면서 다음과 같이 썼습니다.

고별 연설에서 닉슨은 미국 정치의 기본 규칙을 위반한 쓰라린 패배자처럼 보였습니다. 고별 연설은 닉슨의 정치 경력이 끝난 것처럼 보이게 했습니다. [57]

시간이 흘렀지만 닉슨의 위선을 정확히 보았습니다. 당시 닉슨은 마지막 기자회견이라고 말했지만 여전히 폭넓은 지지와 동정을 받고 있었습니다. 닉슨은 마지막 기자회견 이후 지지자들에게 '분노'를 인정한다는 수천 통의 편지를 받았습니다. 많은 공화당원이 "언론이 자신을 공정하게 취급하지 못하고 있다"는 닉슨의 주장에 공감했습니다. 그들은 닉슨이 언론을 상대할 수 있다는 사실에 자부심을 가졌습니다.

---

56 *New York Times* (November 8, 1962).

57 *New York Times* (April 24, 1994).

닉슨이 긍정적인 반응을 예견했는지는 분명치 않습니다. 하지만 연이은 패배가 승리를 가져다주는 밑거름이 되리라는 점을 인식한 것은 분명합니다. 닉슨은 팻 브라운에게 패배한 경험이나 언론을 상대로 한 연설이 자신의 정치 경력을 끝내리라 생각하지 않았습니다. 얼마 후 닉슨은 자신의 터전_{정치}으로 돌아올 음모를 꾸몄습니다. 주지사 선거처럼 시답잖은 음모가 아니었습니다. 선거에서 두 번 패배한 닉슨은 어릴 때부터 길러온 성격을 보다 구체적으로 드러냈습니다.

저는 정치를 떠날 수 없습니다

주지사 선거가 끝난 1963년 닉슨은 캘리포니아를 떠나 다시 뉴욕으로 이사했습니다. 닉슨은 과거 듀크로스쿨을 졸업했을 때 자신을 무시한 뉴욕 월스트리트에서 가장 유명한 로펌에 들어갔습니다. 닉슨이 들어간 회사는 머지, 로즈, 거스리, 알렉산더, 그리고 퍼든Mudge, Rose, Guthrie, Alexander, & Ferdon으로 1869년에 설립되었으며 미국에서 최고의 영향력과 정치력을 발휘하는 로펌이었습니다. 닉슨은 로펌에서 자신의 존재 가치를 입증했습니다. 시간이 지나 로펌은 닉슨이 정치를 재개한 합법적인 통로 역할을 했습니다.

미국의 정치 환경은 급속도로 변화했습니다. 1963년 말 닉슨이 뉴욕생활에 익숙해질 무렵 대통령 케네디가 재선을 위한 초석을 다지기 위해 방문한 텍사스 댈러스에서 암살자가 쏜 총에 맞아 죽고 말았습니다. 닉슨에게 케네디의 죽음은 무엇이었을까요? 닉슨은 자신에게 찾아온 기회를 직감했습니다.

당시 부통령이었던 린든 존슨이 대통령으로 승격되어 케네디의 남은 임기를 마쳤습니다. 다음 해 존슨은 대통령에 출마해 당선되었습니다. 1964년 선거에서 닉슨은 공화당 후보가 되고 싶었을 것입니다. 지난 대통령선거에서 자신을 근소한 차이로 패배시킨 자케네디도 없는 상황에서 기회가 왔음을 느끼지 않았을까 생각합니다. 하지만 주지사 선거 이후 언론을 힐책하며 정계를 떠난다고 했던 말이 아직도 생생한 가운데 섣불리 공화당 후보로 나설 수가 없었습니다. 또한 두 번의 선거에서 패배한 후 '새로운 닉슨'의 이미지를 키워가야 했으므로 더욱 신중했습니다. 공화당 일부 세력이 닉슨의 출마를 건의했지만 닉슨은 후보로 나서지 않았습니다.

공화당은 보수주의자 배리 골드워터를 후보로 확정했습니다. 닉슨은 공화당 대통령 후보의 선거운동을 하며 정치현장으로 다시 돌아왔습니다. 골드워터의 선거운동에는 전심전력이 없었던 것이 아닌지 의심이 되기도 합니다. 공화당 후보를 위해 전국을 돌아다니며 선거운동을 했지만 기실 자신의 정치를 했음이 분명합니다. 다음 선거를 염두에 두고서 말입니다.

골드워터는 존슨에게 압도적으로 패배했습니다. 그럼에도 나름 공화당과 공화당 후보에 헌신하는 노력을 보인 결과 공화당 보수파를 포함한 새로운 친구와 동료를 얻을 수 있었습니다. 당과 당의 후보를 위해 헌신하는 모습으로 자신을 포장하는 능력을 확보한 것이 아닌가 생각합니다. 그 능력은 위선입니다. 골드워터를 위한 선거운동은 정치 복귀의 첫발로 훌륭하게 작용했습니다. 이때를 기억하며 닉슨은 다음과 같이 말했습니다.

저는 정치를 떠나 어떤 일에도 만족할 수 없다는 사실을 알았습니다. 저는 정치와 공무公務를 제외한 삶을 살 수 없다

는 사실을 깨달았습니다.[58]

베트남전쟁과 민권운동

현대 미국 역사에서 존슨 대통령의 임기는 힘들고 혼란스러운 시기였습니다. 미국은 대외적으로 베트남전쟁에 깊숙이 빨려들어가고 있었습니다. 자본주의 체제와 공산주의 체제가 첨예하게 대립하는 냉전 속에서 한국전쟁을 비롯한 베트남전쟁과 같은 국지전으로 서로의 체제 우위를 경쟁했습니다. 베트콩vietcong이라 불리는 공산주의 투사가 미국의 동맹인 남베트남 정부를 전복하려 하고 있었습니다.

당시 대통령이었던 케네디는 군사 고문단을 파견하는 정도로 마무리하기를 원했지만 베트남의 상황이 점차 악

---

58   Ochester, *Richard M. Nixon*, p.52 재인용.

화되었습니다. 결국 존슨 대통령은 수천 명의 군인을 파병해 베트남 공산화를 막고자 했습니다. 북베트남 공산주의 정부는 베트콩에게 더 많이 원조해 남베트남을 공산화하고자 했습니다. 존슨 행정부는 시간이 흐를수록 더 많은 군인을 파병했고 1968년 무려 50만 명 이상의 군인이 베트남에 파병되었습니다. 문제가 쉽게 해결되리라는 기대와 달리 미국은 동남아시아 정글에서 빠져나오지 못했습니다. 공산 게릴라 활동은 끈질겼고 미국의 고통은 나날이 더해갔습니다.

국내도 혼란의 연속이었습니다. 아프리카계 미국인이 여러 도시에서 연이어 폭력시위를 주도했습니다. 시위대는 백인 경찰의 가혹한 학대, 주택 문제 차별과 함께 민권법이 통과되었지만 여전히 자행되는 '사회적 선social line'에 대한 불만을 토로했습니다. 로스앤젤레스 와츠지구, 디트로이트, 뉴어크 등에서 발생한 폭동은 수백만 명의 사상자를 냈고 수백만 달러의 물질적 손해를 입혔습니다.

2차대전을 전후로 탄생한 젊은이가 청년이 되어가는 시기와 맞물려 미국사회 전반이 변화했습니다. 10대는 단정한 헤어스타일이 아닌 장발을 즐겼고, 마약을 일상화했으며, 부모세대가 저속하고 위험하다고 여겼던 음악에 빠져들었습니다. 학생들은 점차 정치적 성격이 짙은 데모를 일으켰습니다. 그들은 시민권을 옹호하고 베트남전쟁을 반대했습니다. 반항하는 젊은이들은 모든 권위에 도전하는 것처럼 보였습니다. 1960년 '히피족hippies'은 중산계급의 가치와 기존의 권위를 거부했습니다. 아프리카계 미국인은 마틴 루터 킹 2세Martin Luther King Jr. 같은 온건한 지도자보다 스토클리 카마이클Stokely Carmichael 같은 폭력적인 지도자를 따랐습니다. 존슨에 의해 1964년 민권법과 1965년 투표권법이 통과했지만 남부 백인을 향한 아프리카계 미국인의 분노가 커져갔습니다.

닉슨은 정치에 복귀하고자 시동을 걸었습니다. 1966년 중간선거 기간에 공화당 후보를 적극 지지하며 전국을 누볐습니다. 2년 전 골드워터의 대통령선거 유세 때보다 더 많은 호응을 받았습니다. 닉슨은 공화당원뿐 아니라 베트남전쟁과 국내의 혼란을 수습하지 못한 정부에 실망한 중도층에게 좋은 평가를 받았습니다. 국민은 풍부한 경험을 가진 닉슨이 이 문제를 해결할 수 있는 사람이라고 생각했습니다.

새로운 닉슨으로 대통령에 당선되다

1968년 2월 2일 북베트남과 베트콩이 남베트남에 대대적인 공격을 감행했습니다. 그들은 100개 이상의 도시를 동시에 공격했고 수도 사이공 외곽까지 침략했습니다. 미국은 공산세력의 공격을 물리치기 위해 안간힘을 썼으나 시간이 흐를수록 베트남에서 미국이 승리하기는 불가능하다는 여론이 우세했습니다. 국내에도 반전 데모 시위가 격화되어갔습니다.

당시 대통령이었던 존슨은 운신의 폭이 극히 제한된 국내외 포로가 되어갔습니다. 존슨은 뉴햄프셔주 예비선거에서 자신을 큰 표 차로 누른 반전反戰 후보인 유진 매카시Eugene McCarthy와 매카시의 강한 등장 이후 민주당 대통령 후보자 경선에 참가한 케네디 대통령의 동생 로버트 케네디Robert Kennedy에 의해 정치적으로 포위되었습니다. 그런 상황에서 1968년 3월 30일 존슨은 가까운 참모들에게 알리지 않고 차기 대통령선거에 출마하지 않겠다고 선언했습니다. 이 선언은 그의 부통령인 휴버트 험프리

Hubert Humphrey의 대통령 출마 선언을 가능케 했습니다. 주말에 테네시주 멤피스에서 가난한 사람들의 행진을 준비하고 있던 킹 목사가 암살되자 전국적으로 인종폭동이 일어났습니다. 6월 5일 캘리포니아주 예비선거에서 승리한 로버트 케네디가 시르한Sirhan에게 암살되면서 정국은 혼란에 혼란을 거듭했습니다. 결국 그해 여름 시카고에서 개최한 민주당 전당대회는 격해진 반전데모, 경찰의 무자비한 시위대 구타, 그리고 야유와 비방으로 점철되었습니다. 갈등 끝에 험프리가 후보로 지명되었지만 민주당 대의원의 마음은 매카시와 케네디를 떠나지 않았습니다. 민주당 지지 세력 다수는 험프리에게 표를 주지 않았습니다. 이 상황은 닉슨의 선거 매니저인 초티너에게 전략을 구상할 완벽한 배경을 마련해주었습니다. 닉슨은 다가오는 승리를 직감했습니다.

1968년 2월 2일 닉슨은 공화당 대통령 후보 지명전에 나서겠다고 선언했습니다. 1968년 대통령에 재도전한 닉슨은 텔레비전을 효과적으로 활용했습니다. 1960년 선거에서 자신을 패배하게 만든 주범인 텔레비전을 승리의 일등공신으로 삼고자 했습니다. 그는 텔레비전을 이용해 자신이 원하는 이미지를 기술적으로 표현해 대중에게 보여주었습니다.

1968년 선거 지도

토마스 위커Thomas Wicker는 당시 닉슨 진영의 선거를 두고 다음과 같이 말했습니다.

닉슨 진영은 소위 텔레톤telethon을 이용해서 유권자에게 친숙하게 다가갔으며 가능한 한 친근한 이웃처럼 보이려고 했습니다.[59]

59 Thomas Wicker, *Richard M. Nixon*, in *Character Above All* (ed.), Robert Wilson (New York: Simon & Schuster, 1999), p.198; 김형곤, 「미국의 역사를 훔친 영화의 인문학」 (서울: 홍문각, 2015), p.273. 텔레톤은 텔레비전과 마라톤의 합성어입니다. 생방송에서 동일인이 종합사회를 보면서 장시간 연속 출연하는 방식입니다. 닉슨은 1965년부터 텔레톤 방식으로 자신을 새롭게 포장했습니다.

닉슨은 1960년 선거 이후 거의 모든 공식 모임에 교묘한 변장을 하고 나타났습니다. 1968년 닉슨 진영은 유권자에게 '과거의 닉슨old Nixon'보다 불쾌감이 적고, 힐문과 고발을 하지 않으며, 쓰라린 패배의 잿더미에서 거친 성격과 태도를 고쳐 부드러워진 '현재의 닉슨new Nixon'을 봐주기를 호소했습니다. 가벼운 악수도 어색해했던 과거의 닉슨이 신중하게 행동하고 시청자에게 최선을 다하는 '새로운 닉슨'을 보여주기 위해 노력했습니다.

새로운 모습으로 변신한 닉슨은 8월에 열린 전당대회에서 공화당 대통령 후보로 나섰습니다. 공화당 내 자유주의자의 지지를 받은 넬슨 록펠러와 보수주의자의 지지를 받은 레이건 사이에서 중도를 지향한 닉슨이 대통령 후보에 당선되었습니다.

민주당에서 일어난 갈등과 함께 닉슨에게 유리하게 작용한 제삼당 후보가 등장했습니다. 지난 두 차례 선거에서 남부 시민은 대부분 민주당을 지지했습니다. 앨라배마 전 주지사 조지 월리스George Wallace가 미국독립당을 결성하고 대통령 후보가 되었습니다. 월리스는 남부의 오래된 인종정책인 분리주의segregation, 아프리카계 미국인에 대한 합법적인 분리정책를 강하게 주장했습니다. 나아가 분리주의를 종결시키고자 하는 연방정부의 정책을 비난했습니다. 궁극적으로 월리스는 하남부에서 많은 지지를 얻었습니다.

대통령선거가 본격화될 즈음 온 나라가 남북전쟁 이후 가장 격심하게 찢어지고 있었습니다. 닉슨은 세 가지 주제로 선거운동에 임했습니다. 첫째, "하나로 뭉치자"입니다. 찢어진 나라를 다시 통합하자는 의미였습니다. 둘째, "베트남에서 명예로운 평화를 이루자"입니다. 전쟁을 끝내고 미국 군을 철수해 고향으로 돌아오도록 하겠다는 공약이었습니다. 셋째, "법과 질서를 준수하자"입니다. 닉슨은 증가하는 도시 폭동과 반전 데모를 개탄하며 법과 질서가 유지되는 시대로 돌아가겠다고 약속했습니다. 평범한 주제 같지만 민주당의 실책을 후벼파는 행동이었습니다.

텔레톤으로 자신을 새롭게 만든 닉슨은 지난 선거에서 보여준 독단적이고 도도한 태도를 버리고 참모는 물론 공화당 주요 간부의 말을 경청했습니다. 닉슨은 솟아오르는 에너지를 억누르고, 가능한 한 연설을 적게 하고, 선거운동과 연설을 할 장소를 신중하게 골랐습니다. 일반적인 토론을 멀리하고 텔레비전 방송을 사전에 준비했으며 주로 소규모의 타운 미팅을 했습니다. 토론에 참가할 방청객을 골라 닉슨에게 부정적인 입장을 가진 방청객을 배제하고 친닉슨인 사람만 받아들였습니다. 사실 텔레비전 방송국 밖에서는 선거운동을 할 수가 없었습니다. 세 명의 후보 모두 선거운동을 할 때마다 시위대와 비방자를 만났기 때문입니다.

자유주의도 보수주의도 아닌 중도 후보로서 닉슨은 이데올로기에서 벗어나 실용주의를 부각했습니다. 또한 미국의 사회적·문화적 격변을 두려워하는 사람들에게 다가갔습니다. 닉슨은 법과 질서를 무시하고 무조건 자유를 외치는 방종의 무리, 이를테면 동부인, 지성인, 소수세력에 반대했으며 '침묵하는 다수silent majority'를 위해 몸을 바치겠다고 공언했습니다. 이 말은 닉슨을 싫어하는 사람에게도 매력적으로 들렸습니다. 시끄럽고 혼란스러웠던 당대 미국에 가장 필요했던 말이 바로 안정이었기 때문입니다.

선거 당일 저녁 닉슨은 뉴욕에서 유명한 호텔 스위트룸에서 혼자 텔레비전을 보고 있었습니다. 상대 후보와 근소한 차이였지만 늦은 밤이 되자 닉슨의 당선이 분명해졌습니다. 닉슨은 고독한 시청을 그만두고 다른 스위트룸에 있는 가족과 만났습니다. 1960년과 1962년 통한의 패배를 경험했던 닉슨이 드디어 미국 대통령에 당선되었습니다. 일반투표에서 험프리가 42.7퍼센트를, 닉슨이 43.4퍼센트를 얻어 0.7퍼센트밖에 차이 나지 않았습니다. 그러나 선거인단 투표에서 닉슨이 301표를, 험프리가 191표를, 월리스가 46표를 얻어 승리했습니다. 다음 날 닉슨은 활짝 웃으며 지지자들을 만났습니다.

8년 전에 저는 너무나 근소한 차이로 패배했습니다. 이번에는 너무나 근소한 차이로 이겼습니다. 저는 여러분께 말할 수 있습니다. 이기는 편이 훨씬 더 재미있습니다.[60]

누구나 이기는 편이 더 좋습니다. 사람이 아닌 동식물도 경쟁에서 이기는 편이 더 좋을 것입니다. 리처드 닉슨의 경우 특히나 그러했습니다. 닉슨에게 선거란 단순히 이겨야 하는 존재였습니다. 의원이든, 부통령이든, 최고의 자리인 대통령이든 상관없이 선거에서 이겨야 했습니다. 닉슨은 선거를 넘어 삶의 모든 면에서 이겨야만 했습니다. 이기는 경우에만 자신이 존재하는 이유를 찾을 수 있었습니다. 그는 지고는 살 수 없는 사람이었습니다. 그래서 지더라도 이기기 위해 강한 탄력을 가지고 되돌아왔습니다. 닉슨은 어느 순간부터 승리에 방해가 되는 존재를 '적enemy'으로 취급해 공격 대상으로 삼았습니다. 적이 아닌 '반대자opponent'라도 자신이 추구하는 길을 반대하면 적으로 삼았습니다. 혹시 닉슨이 모국어인 영어를 잘 몰랐던 것일까요? '반대자'와 '적'을 구분하지 못한 것을 보

---

60   Ochester, *Richard M. Nixon*, p.58 재인용.

면 말입니다.

살다보면 실패도 하고 성공도 합니다. 대부분의 사람은 실패의 책임이 자신에게 있다고 인정하고 노력으로 실패를 극복합니다. 리처드 닉슨 역시 일생 동안 수많은 실패와 성공을 거두었지만 실패의 책임을 자신에게서 찾지 않고 언론, 부자, 엘리트, 동부세력, 명문대학 출신, 학연·지연·혈연에서 상층에 있는 세력에게서 찾았습니다. 다른 대상으로 실패의 책임을 돌린 닉슨은 상대를 반드시 이겨야 할 적으로 삼았습니다. 닉슨은 이기기 위해 수단과 방법을 가리지 않았습니다. 유년시절부터 워터게이트 사건으로 사임하는 그날까지 실패를 극복하기 위해 쓸 수 있는 카드라면 무엇이든지 사용했습니다. 미국 최고의 자리에서 닉슨이 쓰지 못할 카드는 아무것도 없었습니다. 법이나 인류 보편의 가치 기준을 위반하더라도 이기기 위해서라면 어떤 방법이든 동원했습니다.

06

대통령이 된 닉슨

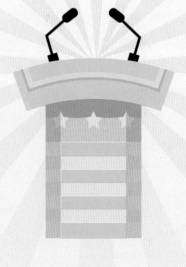

명예가 미국을 부르고 있습니다

　1969년 1월 20일 대통령 취임식이 있던 날 워싱턴 날씨는 바람이 매섭게 불고 음산했습니다. 남편 닉슨이 대통령 선서를 하는 동안 팻 닉슨은 밀하우스 집안의 성경두 권을 들고 서 있었습니다. 닉슨 대통령은 평화에 초점을 맞춘 취임사를 했습니다.

　　역사가 주는 최고의 명예는 세계평화 중재자라는 타이틀입니다. 지금 세계평화라는 명예가 미국을 부르고 있습니다. [61]

　여느 대통령과 마찬가지로 리무진을 타고 펜실베이니아 길을 따라 백악관으로 가던 닉슨은 대통령직이 얼마나 어려운가를 여실히 느낄 수 있었습니다. 수백 명의 데모꾼이 모여 닉슨이 탄 리무진에 막대기와 돌과 맥주캔을 던졌습니다. 그들은 성조기를 불태웠고 공화당 지지자와

---

[61]　First Inaugural Address of Richard Milhous Nixon (January 20, 1969).

해리 홀더먼　　　　존 에를리크만　　　　헨리 키신저

욕설을 주고받았습니다. 이렇게 혼란스러운 대통령 취임식은 역사상 처음이었습니다.

닉슨은 대통령이 되기 전부터 자신을 도와준 사람들을 보좌관으로 임명했습니다. 신중하게 내각인사를 골랐으나 법무장관 미첼을 제외하고는 거의 한두 단계 격이 낮은 사람이었습니다. 다른 정치가와 달리 닉슨은 여러 사람과 마주하고 이야기하기를 좋아하지 않았습니다. 수줍음이 많고 자의식이 강해 다른 사람과 소통할 때 직접 만나기보다 메모를 이용했습니다. 닉슨은 처음부터 소수의 보좌관에 크게 의존했습니다. 그들은 대통령에게 사람들이 남긴 메시지를 걸러 전달할 수 있었습니다.

참모장 홀더먼과 국내 보좌관 에를리크만을 제외하고 닉슨이 정기적으로 만난 사람은 국가안보보좌관 키신저였습니다. 키신저는 닉슨의 주전공인 외교 분야의 전문가였습니다. 닉슨은 따분한 국내 문제를 다루는 전문가와 키신저를 완전히 다르게 대했습니다. 후에 펜타곤 페이퍼 pentagon papers 가 언론에 유출되면서 키신저가 자신의 보좌관에게 사직을 권고받았을 때도 마찬가지였습니다. 어쨌든 두 사람은 외교 문제에서 궁합이 잘 맞았습니다. 특히 닉슨 행정부가 당면한 외교 과제인 베트남전쟁을 끝내기 위한 협상을 자주 했습니다. 닉슨이 대통령에 당선되자마자 키신저는 존슨 대통령이 시작한 공식 협상에 더해 비밀 협상을 시작했습니다. 베트남전쟁을 끝내는 일은 닉슨 행정부에게 주어진 가장 중요한 과제였습니다. 이 일은 닉슨의 첫 번째 임기 대부분을 지배했습니다.

베트남전쟁이 수렁에 빠지다

제국주의의 시대정신에 편승한 영국이 중국과 인도 진출에 기를 썼다면 프랑스는 동남아시아로 세력을 펼쳤습니다. 베트남은 동남아시아의 프랑스 식민지였습니다. 2차 세계대전은 베트남 식민지 경영을 어렵게 만들었고 식민지 지배가 느슨해진 1946년 베트남은 프랑스로부터 독립을 선언했습니다.

전후의 내전이 강화된 가운데 자본주의 종주국인 미국은 소련과 중국의 공산세력이 베트남에 미칠 경우를 걱정했습니다. 미국은 프랑스에 재정을 지원해 베트남 경영을 독려했습니다. 그러나 1954년 프랑스가 베트남 독립군에 패배하고 베트남에서 완전히 철수하자 미국은 그 자리를 대신할 수밖에 없는 입장에 처했습니다.

프랑스가 철수하자 제네바에서 열린 국제회의는 북위 17도 선을 기준으로 북베트남에는 공산주의 정부가, 남베트남에는 자본주의 정부가 들어서게 했습니다. 북베트남 공산정부는 통일을 명목으로 남베트남에 베트콩이라 불리는 고도로 훈련된 공산 게릴라를 침투시켜 내란을 선동했습니다. 소련과 중국의 군사적·경제적 지원을 받은 북베트남이 남베트남을 침략하면서 베트남전쟁이 시작되었습니다.

미국은 베트남에서 동아시아의 한국을 보았습니다. 1945년 해방 후 북위 38도선을 기준으로 나누어진 뒤 소련과 중국의 지원을 받은 북한이 남한을 침공한 6·25전쟁이 베트남전쟁과 너무나 닮아 있었습니다. 결국 미국 정부는 미완성된 6·25전쟁을 베트남에서 종결짓고자 했습니다. 처음에는 남베트남에 군사고문단만 파견했지만 시간이 지나면서 정규군을 파견했습니다.

케네디 대통령은 냉전시대에 열전을 벌인 한국전쟁과 달리 베트남전쟁에서 확실한 승리를 거두고자 했습니다. 케네디는 전쟁을 원치 않았지만 어쩔 수 없이 베트남전쟁에 휘말려 들어갔습니다. 정치 현장에서 밀려난 닉슨은 외교 전문가이자 세계평화 중재자로서 다시 복귀할 수 있는 기회가 다가오고 있다고 직감했습니다.

닉슨이 대통령이 되었을 때 약 55만 명의 미군이 베트남에서 복무하고 있었습니다. 예상과 달리 전쟁이 길어지고 사상자가 속출하자 국민들은 미국이 왜 베트남전쟁에 말려들어야 하는지 이해하지 못했습니다. 참전에 반대한 국민들은 베트남 공산주의 정부가 미국을 위협하지 않는다고 주장했습니다. 그러나 냉전의 이념에 충실한 국민들은 미국이 베트남을 도와야 하며 공산주의의 확산을 막는 일은 반드시 필요하다고 주장했습니다. 케네디와 존슨은 전쟁을 속전속결로 끝내고자 했지만 동남아 정글의 공산세력은 결코 호락호락하지 않았습니다.

전쟁을 끝내겠다는 공약으로 대통령에 당선된 닉슨은

1969년 봄 미국이 베트남에서 손을 떼는 이른바 전쟁의 '베트남화vietnamization'를 선언했습니다. 닉슨은 미국이 남베트남 군인을 훈련·무장시킨다면 남베트남 군인이 미군을 대신할 수 있을 것이라고 말했습니다. 남베트남이 전쟁을 스스로 잘하게 된다면 미군이 철수해 집으로 돌아올 것이라는 주장이었습니다. 6월이 되자 닉슨은 약 2만 5천 명의 병력 철수를 발표했습니다.

1969년 11월 3일 전국으로 방송되는 텔레비전 연설에서 닉슨은 전쟁의 목표에 대한 지지를 호소했습니다. 닉슨은 무조건 반대하고 항의하는 '시끄러운 소수자vocal minority'에게 지쳐갔습니다. '침묵하는 다수'의 미국인에게 지지를 호소하는 연설이 끝난 후 전국에서 닉슨을 지지하는 전화와 전보가 쇄도했습니다. 그럼에도 항의와 데모는 멈추지 않았습니다. [62]

닉슨은 베트남과 인접한 나라인 캄보디아와 라오스에 폭격하라는 비밀 명령을 내렸습니다. 캄보디아와 라오스는 어느 쪽도 지지하지 않는 중립국이었지만 실상은 그렇지 않았습니다. 공산주의자는 두 나라의 국경지역을 활용해 무기를 비롯한 공급물자를 쌓아두고 조달했습니다. 공급노선을 끊으면 북베트남 세력이 약화되리라 생각한

---

[62] Ochester, *Richard M. Nixon*, p.62.

닉슨은 1970년 4월 30일 공산주의 세력의 무기 저장고를 없애기 위해 캄보디아에 전면 침입하도록 명령했습니다.

침입은 성공적이었습니다. 그러나 무고한 시민이 죽자 미국 국민이 강력하게 항의했습니다. 닉슨의 폭격 명령은 전쟁을 끝내기는커녕 오히려 악화시키는 것처럼 보였습니다. 대학 캠퍼스에 집결한 시위대가 격렬하게 항의하자 주 방위군을 소집해 질서를 유지하고자 했습니다. 오하이오주 켄트 주립대학에서 신참 방위군이 시위대를 향해 발포했습니다. 네 명의 학생이 죽고 여러 명이 부상을 입자 다른 대학 캠퍼스에서도 불꽃처럼 시위가 일어났습니다. 폭력을 피하기 위해 그해 봄 학교를 폐쇄하는 대학이 생겨났습니다.

1971년 베트남에 주둔했던 미군의 절반 이상이 철수했으나 1972년 3월 북베트남이 대대적인 공격을 감행했습니다. 닉슨은 더 강한 폭격을 명령했습니다. 세계평화를 향한 기대가 다시 희미해졌습니다. 그동안 헨리 키신저 Henry Kissinger 는 파리에서 북베트남과 평화협정을 이루기 위해 혼신을 다하고 있었습니다.

1972년 대통령 재선 시기가 다가오자 닉슨은 전쟁을 종결하고 평화가 정착하기를 열망했습니다. 키신저와 북베트남 대표는 평화협정을 이루어가고 있었습니다. 그러나 또다시 변수가 돌출했습니다. 10월 말 미국 동맹인 남베트남 정부가 평화협정에 서명하기를 거부했습니다. 키신저가 "협정은 바로 앞에 있습니다"라고 선언했지만 궁극적으로 서명된 협정을 내놓지 못했습니다.

선거가 끝난 12월 닉슨과 키신저는 전쟁을 끝내기 위해 북베트남에 군사작전을 명령했습니다. 무려 12일 동안 미국의 B-52 폭격기가 하노이와 하이퐁 등 북베트남의 여러 도시를 무차별 폭격했습니다. 미국 국민은 다시 확대된 전쟁에 분노했습니다. 〈뉴욕타임스〉는 이 폭격을 "석기시대의 야만 행위stone-age barbarism"라고 불렀습니다. 닉슨은 자신의 결정을 정당화했습니다. 후에 "폭격은 제가 전쟁 동안 내린 가장 어려운 결정이자 가장 필요한 조치였습니다"라고 주장했습니다. [63]

얼마 후 양측은 평화회담으로 돌아가 결국 협정에 도달했습니다. 1973년 1월 27일 드디어 파리평화협정이 서명되고 전쟁은 끝이 났습니다. 잔인한 전쟁에서 벗어난 미국인도 환호했습니다. 전쟁 비용은 6,860억 달러에 달하는 어마어마한 수준이었고 5만 8천 명의 미군이 사망했으며 30만 명 이상이 부상을 입었습니다. 베트남이 입은 손실은 미국보다 훨씬 컸습니다. 양측에서 100만 명이상이 사망했고 그 이상이 부상을 입었습니다. 폭격으로

---

[63] Ibid, p.64.

인한 민간인 사상은 헤아릴 수도 없었습니다. 전쟁에 반대한 사람들은 파리협정이 더 일찍 이루어지지 않았다는 사실에 분노했습니다.

그토록 희망했던 베트남전쟁 종결이라는 선물을 주었지만 닉슨은 국민에게 사랑받지 못했습니다. 전쟁이 끝날 무렵 노정된 워터게이트 사건은 국민이 왜 닉슨을 좋아하지 않았는지 여실히 증명해주었습니다. 1973년 전쟁은 끝이 났지만 두 세력 간에는 간헐적인 전투가 일어났습니다. 평화협정이 무색하게도 1975년 공산세력은 남베트남을 완전히 점령했고 정부를 해체해 공산주의 베트남 정부를 세웠습니다.

저는 세계평화 중재자입니다

대통령에 취임하자마자 베트남전쟁에 많은 시간을 바친 닉슨은 세계무대에서 외교주도권을 펼쳐 업적을 남겼습니다. 1972년 2월 닉슨은 중국 본토를 방문해 전 세계를 놀라게 했습니다. 미국은 1949년 공산화된 중국을 인민 중심의 나라로 인정하지 않았습니다. 냉전이 심화되는 가운데 한국전쟁과 베트남전쟁에서 보여준 중국의 역할은 미국의 불신을 더욱 강화시켰습니다.

반공주의자로 알려진 닉슨은 최고 지도자 마오쩌둥을 비롯한 중국 지도자들을 만났습니다. 리처드 닉슨과 퍼스트레이디 팻 닉슨은 중국 지도자와 인민을 매료시켰습니다. 닉슨과 팻이 만리장성을 비롯해 중국을 상징하는 여러 지역을 구경하는 모습은 전 세계 사람들의 마음을 사로잡았습니다. 중국 방문은 6년 후 미국과 중국의 외교 관계를 수립하는 첫 단추로 작용해 닉슨에게 승리를 가져다주었습니다. 중국의 '개방'은 닉슨의 가장 큰 업적으로 인정받고 있습니다.

닉슨과 팻은 몇 달 후 공산주의 종주국인 소련을 방문해 사람들을 놀라게 했습니다. 닉슨은 소련의 서기장 레오니트 브레즈네프Leonid Brezhnev를 만나 정상회담을 했습니다. 1969년 이래 닉슨 행정부는 핵무기 제조를 제한하는 문제에 대해 소련과 협상해오고 있었습니다. 정상회담이 싹을 틔워 1972년 6월 닉슨과 브레즈네프는 전략무기 감축협정_{Strategic arms Limitation Treaty; SALT}에 서명했습니다. 자본주의 종주국인 미국과 공산주의 종주국인 소련이 새로운 관계를 정립하는 협정이었습니다. 말하자면 서로를 위협하는 힘겨루기를 그만두고 긴장을 완화하는 데탕트 시대를 여는 협정을 의미했습니다.

국내정책은 저글링 대상이다

전쟁으로 혼란이 계속되었지만 닉슨이 대통령이 되었을 때 미국 국민은 물론 전 세계 사람들의 기대를 부풀게 하는 일이 일어났습니다. 1969년 7월 20일 우주비행사 닐 암스트롱_{Neil Armstrong}이 세계 최초로 달 표면에 착륙했습니다. 소련과의 우주경쟁에서 뒤졌던 10년의 시간을 만회한 쾌거였습니다. 수백만 명의 사람이 닐 암스트롱 그리고 버즈 올드린_{Buzz Aldrin}과 닉슨이 통화하는 장면을 지켜보았습니다.

이 전화는 지금까지 백악관에서 한 전화 중에서 가장 역사적인 사건으로 남으리라 확신합니다.[64]

닉슨은 국내정치에 많은 업적을 남겼습니다. 주로 외교 문제와 정치공학 측면에서 부각되었지만 대통령에 당선되자 스스로를 '환경주의자'라고 부르면서 환경 문제에 관심을 표명했습니다. 역대 대통령 중 누구도 환경 문제를 부각한 적이 없었지만 닉슨은 환경 문제야말로 국가 차원의 문제라고 인식했습니다. 사실 미국사회에 등장한 환경보호나 환경의식이라는 용어는 닉슨의 환경정책이 낳은 결과라 해도 과언이 아닙니다. 1969년 국립환경정책법National Environmental Policy Act을 제정하고 1970년 환경보호청Environmental Protection Agency과 환경개선위원회Council of Environmental Quality를 창설해 환경보호에 크게 기여했습니다. 나아가 같은 해 새롭게 대기정화법Clean Air Act을 만들었으며 1972년 수질오염방지법Federal Water Pollution Act을 대폭 확대해 공기와 물의 중요성을 강조했습니다. 닉슨은 환경 문제에 조치를 취하고 다음과 같이 말했습니다.

공기와 물을 깨끗하게 합시다. 공간을 개방해둡시다. 깨끗

---

64   Ochester, *Richard M. Nixon*, p.66.

환경정책에 서명하는 닉슨

한 환경은 모든 미국인이 누릴 수 있는 타고난 권리가 되어
야 합니다. [65]

그러나 다른 문제베트남전쟁, 대규모 반전 시위, 적대적인 반체제 문화, 중
동 분쟁, 인플레이션, 에너지 위기 등가 부각되면서 환경은 시들한 문
제가 되었습니다. 임기 후반에 일어난 에너지 위기로 환경
정책이 후퇴하자 닉슨이 이전에 세운 성과는 빛이 바랬습
니다. 대통령 취임 직후인 1969년 1월 28일에 일어난 산
타바바라 오일 유출 사건 이후부터 환경 이슈가 크게 증
폭하자 닉슨이 재선 목적으로 환경정책을 진행했다는 평

---

65   Ibid, p.67.

가가 일반적입니다.

사실 환경정책은 닉슨의 저글링에 놀아나는 공에 지나지 않았습니다. 국내 보좌관 에를리크만이 "본능적인 불신"을 가진 사람이라고 말했을 정도로 환경 문제보다 다른 문제가 더 부각되자 곧바로 다른 공을 쥐었습니다. 1970년 백악관에서 열린 환경운동 회의에서 닉슨은 다음과 같이 말했습니다.

모든 정치는 유행입니다. 유행은 지금도 우리 곁을 지나가고 있습니다. 당신이 할 수 있는 것을 얻으십시오. 저에게는 당신을 얻게 하기 위한 것이 있습니다. [66]

환경 문제를 진정으로 다루지 않았다고 해도 닉슨이 남긴 업적의 결과는 대단히 큽니다. 이유야 어찌됐든 시대 흐름에 기민하게 앞장서는 능력은 뛰어난 리더의 자질이 아닌가 생각합니다. -워터게이트 사건으로 추방당하면서 이마저 인정받지 못하고 있습니다.- 닉슨은 안전한 작업 환경을 보장하기 위해 직업안전및보건관리국Occupational

---

[66]   Science History Institute, https://www.sciencehistory.org/distillations/richard-nixon-and-the-rise-of-american-environmentalism (2022.07.20).

Safety and Health Administration을 설립했습니다. 또한 멸종 위기 동물을 보호하는 멸종위기종법Endangered Species Act을 재정해 멸종 위기에 처한 동물을 보호하는 데 기여했습니다.

07

반대자를 적으로 삼은
대통령

국내 문제에 무관심하다

대통령에 당선된 닉슨은 놀랍게도 대통령직을 수행할 준비가 되어 있지 않았습니다. 워런 하딩Warren Harding은 1920년 공화당 지도부가 무능한 사람을 골라 당선시켰기 때문에 대통령이 되었지만 닉슨은 사람들에게 무능한 사람으로 인식되지 않았습니다. 정치 권력을 이양할 시기에는 해결해야 할 문제가 무수히 많습니다. 닉슨이 대통령으로 당선된 시기는 국내외 문제가 특히 많았습니다. 미국 역사상 존슨에서 닉슨으로 넘어가는 권력 이양기만큼 중요한 사안을 결정하지 못하고 연기해버린 시기는 없습니다. 최고 리더가 결정을 내리지 못하고 머뭇거리면 아랫사람이 제대로 일하기 어렵습니다. 그러면 일을 합리적이고 효율적으로 해결하려고 애쓰기보다 리더가 무엇을 좋아하는지 알고자 합니다. 닉슨이 일의 언저리만 맴돌고 있을 때 참모들은 닉슨을 즐겁게 하는 일에 집중했습니다.

닉슨은 최고 자리에 올랐지만 누구를 내각 참모로 삼아야 하는지, 대통령으로서 즉시 무엇을 해야 하는지 알지 못했습니다. 1920년 얼떨결에 대통령이 된 하딩이 뒤를 돌아보며 "이제 무엇을 해야 하지"라고 한 경우와 마찬가지였습니다. 부통령으로 8년을 지낸 닉슨은 정치 경력이 많아 보였지만 최고 결정권자가 백악관에서 해야 할 일이 무엇인지는 경험하지 못했습니다. 저널리스트 롤런드 에반스Rowland Evans와 로버트 노박Robert Novak은 닉슨의 부통령 시절을 다음과 같이 평가했습니다.

> 자신을 정치세계에서 추방하고 파괴하고자 혈안이 된 적들과 싸우느라 권력의 미묘한 작용을 공부할 시간이 없었습니다.[67]

사실 대통령 아이젠하워는 선거 때만 닉슨을 활용하고 대부분의 정책에서 배제했습니다. 심지어 존슨과 퍼스트 레이디 버드 존슨Bird Johnson이 닉슨 부부를 초대했을 때 처음이자 마지막으로 백악관에 방문했다고 합니다. 적어도 닉슨이 대통령이 되기 전까지 말입니다. 이뿐만 아니라 의원으로서 쌓은 경력 또한 부족했습니다. 하원으로 4년, 상원으로 2년을 지냈지만 반공산주의 십자군 운동

---

[67] Rowland Evans Jr. and Robert Novak, *Nixon in the White House: The Frustration of Power* (New York: Random House, 1971), p.10.

과 정치에서 이기는 일에만 집중한 나머지 미묘한 국가 정책을 협의하고 입법화하는 일에는 경험이 전혀 없었습니다. 닉슨은 의원 시절과 부통령 시절 자신의 주특기인 외교 문제에만 관심을 기울였습니다.

대통령이 된 닉슨은 텔레비전이 아닌 라디오 연설을 통해 '법과 질서'와 국내 프로그램에 대해 이야기했습니다. 그럼에도 닉슨은 국내 프로그램을 중요한 테마로 보지 않았습니다. 닉슨의 참모 역시 국내 문제를 심각하게 생각하지 않았습니다. 어떤 문제에 여론이 들끓어 관심 표명이 필요하면 저글링하듯 관심을 주고 시간이 지나 다시 무관심해졌습니다. 에반스와 노박은 닉슨의 통치 스타일을 두고 다음과 같이 말했습니다.

대통령이 되었지만 닉슨의 생각은 변하지 않았습니다. 닉슨은 경제 문제, 환경 문제, 그리고 시민권 문제에 종합적인 계획을 가지고 있지 않았습니다.[68]

닉슨은 분석에 탁월하고 민첩한 성격이었지만 두세 가지 문제를 동시에 생각하는 일은 몹시도 불편해했습니다. 외교 문제에 열정을 쏟고 있는데 아랫사람이 처리해도 되

---

68   Ibid.

는 사소한 국내 문제가 부각되면 심하게 짜증을 냈습니다. 닉슨이 외교 문제와 함께 관심을 가진 것이 있다면 선거를 비롯한 경쟁에서 이기는 일과 자신의 승리에 방해가 된다면 대통령의 권한으로 무엇이든 처단해버리는 일이었습니다.

질 떨어지는 내각을 구성하다

외교 문제를 제외하고는 아는 바도 없고 관심도 없는 닉슨은 자신과 함께 일할 내각인사를 엉망진창으로 골랐습니다. 닉슨은 평상시 존경하는 정치인으로 선배 대통령 에이브러햄 링컨을 말하곤 했습니다. 그러나 대통령이 되자마자 위기에 처한 국가를 구하기 위해 누가 가장 일을 잘할 것인지 고민하며 내각인사를 고르는 데 최선을 다한 링컨과는 너무나 달랐습니다. 닉슨이 대통령이 되었을 때 남북전쟁 정도는 아니었지만 그에 못지않은 수많은 갈등과 위기가 산재해 있었는데도 말입니다. 에반스와 노박은 닉슨의 내각에 대해 다음과 같이 말했습니다.

아마도 전후 세대에 가장 질 떨어지는 내각이라 생각됩니다. 두서없이 고른 것처럼 주제가 없는 집단으로 입증되었기 때문입니다. [69]

국가를 위해 일할 내각인사를 너무 늦게 뽑는다는 비판에 떠밀려 두서없이 결정을 내린 것이 분명합니다. 다른 대통령과 달리 닉슨이 장관을 임명한 과정은 참으로 이상했습니다. 보통 임명권자인 대통령이 주도권을 가지고 인사를 결정했지만 닉슨의 경우는 그렇지 못했습니다. 닉슨이 장관으로 임명하겠다고 하자 여러 사람이 거절했습니다. 어떤 경우는 요청도 하지 못했습니다.

국무장관 인선 과정에서 유능한 후보 두 명에게 퇴짜를 맞은 닉슨은 오랜 친구 윌리엄 로저스William Rogers를 국무장관에 임명했습니다. 로저스는 뉴욕에 있는 상류 로펌에서 일하는 온화하고 부유한 변호사로서 아이젠하워 행정부에서 법무장관을 지냈습니다. 해군에 있을 때부터 닉슨과 절친한 친구 관계였으며 히스 사건과 체커스 사건이

---

[69]   Ibid, p.51.

터졌을 때 닉슨을 도왔습니다. 1960년 선거 이후 각자의 길을 가다가 장관 인선에 어려움을 겪자 닉슨은 서둘러 로저스를 국무장관에 임명했습니다.

로저스는 외교 문제에 경험이 없을뿐더러 관심도 없었습니다. 그럼에도 닉슨이 로저스를 임명한 이유는 외교에 아는 바가 없으니 국무부의 이익을 주장하지 않을 것 같아서였다는 사실이 밝혀졌습니다.[70] 1969년 1월 20일 닉슨의 취임식 날 로저스는 국무부 주요 관리가 작성한 세계 주요 문제에 대한 요약본을 받고 깜짝 놀라면서 다음과 같이 말했습니다.

제가 이걸 다 읽을 거라고 기대하지 않았지요? 그렇지요?[71]

참으로 아이러니한 결정이었습니다. 장관은 그 분야 최고 전문가를 임명하는 것이 상식인데 자신의 전문 분야를 다른 사람에게 넘겨주기 싫어서였을까요? 어쨌든 로저스는 국무부 일에 무지했고 관심도 없었습니다. 닉슨은 대통

---

70 Stanley Karnow, *Vietnam A History* (New York: Viking Books, 1983), p.587.

71 Ibid, p.588.

령으로서 국무부의 무게감은 물론 베트남전쟁과 냉전, 데 탕트 외교의 중요성을 인식하면서 헨리 키신저를 국가안보 보좌관으로 임명해 사실상 국무부 일을 하도록 했습니다. 키신저는 로저스를 임명한 닉슨에 대해 다음과 같이 말했 습니다.

> 외교정책에 무지하다는 이유로 국무장관에 임명하는 대 통령은 없었습니다. [72]

닉슨은 캘리포니아 정치계 후배로 1960년 선거에서 자 신을 도운 로버트 핀치Robert Finch를 보건·교육·복지부 장관 으로 임명했습니다. 핀치는 닉슨 정부에서 일하는 다른 인 사와 달리 상당한 자유주의 인물이어서 보수적인 동료와 자주 부딪혔습니다. 특히 닉슨 정부가 인정하지 않은 언론 을 양성하는 일에 그러했습니다. 결국 핀치는 1970년 장관 직에서 물러났고 그 후 닉슨의 특별 고문으로 일했습니다.

국방장관으로는 연방하원에서 오랫동안 힘을 발휘한 위스콘신주 공화당 하원의원 멜빈 레어드Melvin Laird를 임 명했습니다. 레어드를 국방장관으로 임명하는 과정에는

---

[72] Ibid. 키신저는 닉슨이 대통령에서 사임한 후에도 국가안보보좌관을 지내 면서 국무장관을 겸직했습니다. 1975년에는 포드 행정부 국무장관으로 일했습니다.

아무런 잡음이 없어 보였지만 레어드가 군과 관련된 인물이 아니었다는 점에 문제가 있었습니다.

　노동장관으로 임명한 조지 슐츠George Shultz도 장관직에 적합하지 않았습니다. 프린스턴대학을 졸업한 슐츠는 닉슨 내각에서 유일한 아이비리그 출신이었습니다. 닉슨의 첫 내각은 역대 정권에서 아이비리그 출신이 가장 적었습니다. 아마도 하버드를 비롯한 동부 아이비리그 출신에 대한 질투와 강박이 빚어낸 결과가 아닌가 생각합니다. 하버드에 합격했지만 경제사정으로 입학하지 못했고, 나름 명문대학으로 불리는 듀크에서 로스쿨을 마쳤지만 뉴욕 최고의 로펌에 들어가지 못했을 때부터 그러했겠지만 닉슨이 동부, 부자, 아이비리그 등에 강한 피해의식을 가진 것은 1960년 선거에서 케네디에게 패배하고 나서부터였습니다.

　닉슨은 시카고의 부유한 은행업자인 데이비드 케네디David Kennedy를 재무장관에 임명했습니다. 데이비드 케네디는 돈과 관련된 문제를 마음대로 주무르고자 하는 닉슨 행정부 인사와 잘 어울리지 못했습니다. 결국 재무장관은 과거에 민주당원이었으며 텍사스 주지사를 역임한 존 코널리John Connally로 교체되었습니다. 코널리는 닉슨 행정부에 입각하면서 민주당을 버리고 공화당으로 전향했고 닉슨의 명령을 고분고분 따랐습니다. 그러다 뇌물과 횡령

등의 혐의를 받고 사임했고 조지 슐츠가 후임으로 임명되었습니다. 슐츠는 노동장관과 재무장관을 원만하게 수행했고 닉슨이 워터게이트로 사임하기 얼마 전에 재무장관직을 사임했습니다. 슐츠를 뒤이어 당시 재무차관이었던 윌리엄 사이먼William Simon이 장관이 되었습니다.

그 외 장관도 닉슨이 임명하기는 했지만 대통령이 되기 전에는 이름도 들어본 적 없는 사람이었습니다. 예전부터 알고 지낸 사람은 더더욱 아니었습니다. 체신부장관 윈턴 블런트Winton Blount, 내무부장관 월리 힉켈Wally Hickel, 주택 도시개발부장관 조지 롬니George Rommey, 교통부장관 존 볼프John Volpe 등은 닉슨이 대통령에 당선되고 나서 이름만 겨우 한두 번 들어본 사람이었습니다. 장관 인선 문제가 늦어지자 사실상 닉슨 행정부에서 문고리 권력을 장악했던 참모장 해리 홀더먼Harry Haldeman과 국내 문제 최고 보좌관 존 에를리크만John Ehrlichman의 추천으로 장관을 임명했습니다. 인사는 중요하지 않다고 생각한 닉슨이 빚어낸 결과였습니다.

내각장관에서 닉슨이 직접 임명한 유일한 사람은 법무장관 존 미첼John Mitchell이었습니다. 오래전부터 닉슨의 선거 매니저이자 동료 변호사였던 미첼은 평소 파이프 담배를 피우면서 말을 하지 않아 지적인 분위기를 자아냈습니다. 닉슨은 홍보수단으로 활용하기 위해 1968년 12월 11일 텔레비전 방송에서 장관을 한꺼번에 임명했습니다. 닉슨은 자신이 선택한 사람은 "특별한 차원을 가진 사람"이라고 말했습니다.[73]

명령에 절대복종하라

닉슨의 통치는 참으로 독특했습니다. 대통령으로서 수많은 명령을 쏟아냈지만 자신이 말하면서도 수행할 수 있다고 생각하지 않았습니다. 그런데도 닉슨의 명령은 간혹 성과가 있었습니다. 닉슨의 최고 보좌관은 닉슨이 쏟아낸 명령 중에서 성과를 낼 수 있는 몇몇을 골라내는 일을 했습니다. 말하자면 닉슨이 대통령직을 수행할 수 있도록 보호했습니다. 그들은 닉슨이 잘못된 명령을 내려도 공개적으로 반대하지 않는 편이 더 낫다는 사실을 알았습니다.

---

73 Evans and Novak, *Nixon in the White House*, pp.21-28.

어떤 이유로 마음이 동요하면 닉슨은 여기저기 전화를 걸어 명령을 쏟아내고는 전화기를 바닥에 내팽개치곤 했습니다. 보좌관들은 닉슨의 전화를 연속해서 서너 통 이상 받았습니다. 닉슨은 화가 나면 자주 이렇게 말했습니다.

최종 명령입니다. 젠장! 반대하는 사람은 누구라도 해고될 것입니다. 빌어먹을![74]

1972년 닉슨의 재선 시기가 다가왔을 때 백악관 법률 고문 존 딘John Dean이 국세청에 명령해 상대 민주당 후보 조지 맥거번George McGovern의 490명에 달하는 참모와 기부자의 금전 관계를 조사하라고 명령했습니다. 재무장관 슐츠가 이를 거부하자 닉슨은 불같이 화를 내면서 다음과 같이 말했습니다.

만약 슐츠가 이 일을 하지 않으면 재무장관에서 해임될 것입니다. 일은 이런 식으로 해야 합니다.[75]

백악관 최고 참모들홀더먼, 에를리크만, 키신저은 닉슨의 거칠고

---

74 Walter Isaacson, *Kissinger* (New York: Simon and Schuster, 1992), p.174.

75 Drew, *Richard M. Nixon*, p.26 재인용.

찰스 콜슨

위험한 명령은 수행하지 말아야 한다는 것을 알고 있었습니다. 그들은 닉슨의 몰락을 막는 일을 했습니다. 그러나 닉슨의 보좌관 찰스 콜슨Charles Colson은 대통령이 내린 명령이라면 무엇이든 수행해야 한다고 생각했습니다.

술, 마약, 화려함에 빠지다

닉슨은 술 문제로 종종 보좌관을 힘들게 했습니다. 술

을 몇 잔 하고 나면 발음이 명확하지 않아 명령의 진위를 파악하기 어려웠습니다. 닉슨은 마티니를 즐겨 마셨지만 어떤 와인이 좋은지 잘 알고 있었고 와인 수집하기를 즐겼습니다. 손님과 저녁식사를 하면서 질 좋은 와인을 마실 때면 웨이터에게 냅킨으로 상표를 가리도록 했습니다. 손님에게만 질 나쁜 와인을 주기 위해서였습니다. [76] 와인에 식견이 탁월한 손님은 닉슨의 차별 대우를 알고 있었지만 별 반응을 보이지 않았습니다. -남북전쟁의 영웅으로 전후 두 번에 걸쳐 대통령에 당선된 율리시스 그랜트 Ulysses Grant 대통령은 담배를 즐겼습니다. 그랜트는 대통령을 지내는 동안 선물로 받은 2만 갑에 달하는 질 좋은 담배를 백악관 벽장에 감추어두고 혼자 피웠습니다. 물론 백악관을 방문한 사람에게는 질 나쁜 담배를 주었습니다. 그랜트는 후에 폐암에 걸려 사망했습니다.-

아이젠하워는 부통령 닉슨의 음주 습관을 걱정했습니다. 그래서 1959년 동생 밀턴 아이젠하워 Milton Eisenhower 를 모스크바 무역 박람회에 참가시켜 닉슨을 감시하도록 했습니다. 밀턴은 닉슨이 니키타 흐루쇼프와 부엌 논쟁에 참가하기 전에 저녁 만찬에서 무려 마티니 여섯 잔을 마시고 아주 천하게 변했다고 보고했습니다. 1964년 샌프란

. **76**   Small, *The Presidency of Richard Nixon*, p.220.

시스코에서 열린 공화당 전당대회에서 연설을 마친 후 들른 저녁 파티에서 술에 취한 닉슨을 본 에를리크만은 닉슨이 공직생활에 복귀하는 데 술이 방해가 되지 않을지 걱정했습니다. 시간이 지나 에를리크만은 닉슨에게 "술을 줄이지 않는다면 당신을 위해 일하지 않을 것"이라고 말했습니다. [77]

술에 이어 절대 해서는 안 되는 마약과도 연관이 있던 것으로 보입니다. 사람들은 닉슨의 발음이 불분명한 이유를 항경련제인 딜란틴Dilantin을 자주 먹었기 때문이라 믿고 있습니다. 늘 불안을 감추어야 했던 닉슨이 스스로 처방한 약이었습니다. 닉슨은 미국, 아니 세계에서 가장 강한 나라의 대통령이 된 상황에서 특별히 불안해할 이유가 없었습니다. 그럼에도 동부세력, 명문대 출신, 부자, 그리고 언론인에게 쫓기듯 불안해했습니다. [78] 대통령으로서 다른 사람에게 불안에 떠는 모습을 보일 수 없었기에 약을 먹기 시작한 것이 아닌가 생각합니다. 딜란틴은 발음을 불명확하게 하고, 정신 착란을 일으키고, 성급함을 초

[77] John Ehrlichman, *Witness to Power: The Nixon Years* (New York: Simon and Schuster, 1982), pp.37-38.

[78] 1995년 올리버 스톤이 연출한 영화 <닉슨>에서 닉슨을 연기한 앤서니 홉킨스는 워터게이트의 폭풍우가 불어오는 장면에서 불안에 떨며 자주 약을 먹습니다.

래하는 부작용이 있습니다. 사실 딜란틴은 정신과 치료약으로 승인된 적이 없으며 술과 결합하면 효과가 크게 상승하는 것으로 알려져 있습니다. [79]

닉슨에게 딜란틴을 소개한 사람은 드레이퍼스 펀드Dreyfus Fund를 설립한 잭 드레이퍼스Jack Dreyfus였습니다. 드레이퍼스는 어머니의 죽음으로 장기간 우울증에 시달린 닉슨에게 딜란틴이 도움이 되리라 믿었습니다. 1968년 드레이퍼스는 다음 대통령이 될 후보에게 접근하기 위해 닉슨과 험프리에게 엄청난 돈을 기부했습니다. 닉슨에게 친밀감을 드러낸 드레이퍼스는 자신의 회사에서 일할 수 있는 특별한 자리를 제공했지만 닉슨은 정치권에 있어야 한다며 거절했습니다. 그러나 두 사람은 1968년 닉슨의 친구 베베 레보조Bebe Rebozo가 주선한 마이애미의 저녁 만찬에서 특별한 만남을 가졌습니다. 그 후로 두 사람은 닉슨이 죽기 전까지 친밀한 관계를 유지했습니다. 그날 저녁 드레이퍼스가 닉슨에게 딜란틴을 준 것으로 보입니다.

닉슨이 딜란틴을 복용한다는 정보는 전기 작가 앤서니 서머스Anthony Summers로 인해 돌기 시작했습니다. 앤서니는 드레이퍼스와 나눴던 인터뷰를 근거로 세웠습니다. 드레이퍼스는 닉슨이 사망하고 한참이 지나 〈뉴욕타임스〉

. **79**   Drew, *Richard M. Nixon*, p.27.

의 애덤 클라이머Adam Clymer에게 1968년 기분이 좋지 않은 닉슨에게 약 1,100개의 딜란틴을 주었으며 그 후 닉슨이 요구해 1천 개의 약을 더 주었다고 말했습니다. 드레이퍼스가 의사에게 약 처방을 받아야 한다고 말하자 닉슨은 다음과 같이 반응했습니다.

제기랄! 의사 나부랭이에게 상의하라고? [80]

성급함을 초래하는 딜란틴이 무모하기 짝이 없는 캄보디아 침공에 영향을 미쳤으라 생각합니다. 닉슨은 워싱턴에서 지내는 동안 저녁마다 백악관 거주지에 있는 링컨 거실에서 에어컨을 최대로 틀어두고서 벽난로 불이 강하게 타도록 하고 당시 유행한 텔레비전 다큐멘터리 〈바다에서의 승리Victory at Sea〉의 사운드 트랙을 들으며 혼자 앉아 있었습니다. 백악관과 인접한 행정부 청사에 마련한 숨을 곳에서 몇 시간 동안 혼자만의 시간을 보내곤 했습니다. 닉슨은 노란색 법률 용지에 자신에 관한 무언가를 기록했습니다. 보좌관에게 지시하는 내용이나 자신의 이미지를 꾸미는 데 필요한 말과 자기도취를 증명하는 간단

---

[80] Anthony Clymer, Book Offers Peek into Nixon's Mind, *New York Times* (August 27, 2000).

한 논평도 적었습니다. 1970년 1월 닉슨은 자신에 관해 다음과 같이 기록했습니다.

각각의 모습을 고양할 수 있는 요소를 더하라. ⋯ 힘든 일 - 상상력 - 동정심 - 리더십 - 청년에 대한 이해 - 지적인 확장[81]

같은 날 닉슨은 이런 내용도 기록했습니다.

냉정함 - 강인함 - 조직 - 절제 - 즐거움 ⋯ 흥분 - 인생의 기쁨 - 공유 ⋯ 사람들의 정신을 고양하라. 간결하고 기억할 만한 말로.[82]

닉슨은 백악관을 관리하는 일에 세세하게 관여했습니다. 백악관에 놓는 장식은 물론 정원사와 집사에게 내리는 명령도 참견했습니다. 심지어 백악관에서 열리는 만찬의 자리 배치도까지 관여했으며 만찬의 분위기를 띄우기 위한 부드럽고 인기 있는 클래식 음악을 직접 고르기도 했습니다.

닉슨은 사납고 포악한 성격으로 위협적인 분위기를 조

81   Richard Reeves, *President Nixon: Alone in the White House* (New York: Simon and Schuster, 2001), p.21.

82   Ibid.

성하기도 하고 역정을 내다가도 갑자기 기분을 바꾸었습니다. 보좌관은 닉슨의 기분을 맞추기 위해 애를 써야 했습니다. 전기 작가 리처드 리브스_{Richard Reeves}에 따르면 닉슨은 매일 화를 냈으며 주로 말을 듣지 않는 관료를 해고해야 한다거나 기자를 잘라버려야 한다는 말을 반복했습니다. [83] 이런 행동은 닉슨이 백악관에 입성할 당시 편집성 성격장애를 겪었다는 증거입니다. 닉슨의 행동은 공식적으로 인정받는 정신과 진단 매뉴얼에서 제시한 기준에 적합합니다. [84] 편집성 성격장애를 가진 사람은 합리적으로 생각하기 어렵고 의심이 많다는 특징이 있습니다. 닉슨은 다른 사람을 신뢰하지 못했고 특히 동부세력, 명문대학 출신, 부자, 언론이 자신을 반대하고 방해한다는 근거 없는 두려움을 가지고 있었습니다.

정치란 원한과 시기와 의심이 뒤섞인 혼동의 벌집과도 같지만 닉슨의 행동은 이를 훨씬 뛰어넘었습니다. 대통령이 된 마당에 닉슨은 자신의 편집성 성격장애를 마음대로 드러낼 수 있는 힘을 가지게 되었습니다. 닉슨의 행동은 궁극적으로 자기 파괴를 초래했습니다. 워터게이트 사건이 일어나기 훨씬 전부터 대통령 닉슨을 파괴하는 불길

---

[83]   Ibid, p.35.

[84]   Drew, *Richard M. Nixon*, p.28.

한 전조가 상존해 있었습니다.[85]

　나중에 알려진 사실이지만 닉슨은 욕설과 반유대주의 언어를 사용했습니다. 닉슨은 국가안보보좌관 키신저에게 자주 "빌어먹을 유대인fucking jew"이라고 말했습니다. 키신저와 함께 있지 않을 때는 "나의 유대인 아이"라는 말로 비하했습니다. 자신을 비판하는 언론과 동부세력을 지칭할 때는 "빌어먹을"이라는 말이 접두어처럼 등장했습니다. 엘비스 프레슬리가 마리화나 사용을 중단하는 활동을 돕겠다고 제안했을 때 닉슨은 근거도 없이 "유대인은 마리화나 규제를 자유화하는 자들인 것 같습니다"라고 말했습니다.[86]

　터무니없는 명령과 술, 마약과 편집성 성격장애, 그리고 상스러운 폭언에도 부하들은 어떠한 문제도 제기하지 못했습니다. 닉슨이 기침을 하면 그들은 대통령이 독감에 걸린 것처럼 행동했습니다. 그렇지 않으면 "빌어먹을"이라는 소리를 듣고 자리에서 추방당해야 했습니다.

　닉슨과 가깝게 지낸 보좌관은 닉슨을 다중인격의 소유자라고 불렀습니다. 어떤 때는 예의 바르고 관대하며 사려 깊었지만 어떤 때는 성급하고 맹렬했습니다. 또 어떤 때는

. **85**　Ibid, p.29.

. **86**　Small, *The Presidency of Richard Nixon*, pp.218-219.

사람들이 인정할 만큼 진보적인 일을 능수능란하게 수행했지만 어떤 때는 상대를 증오하고 복수심에 불탔습니다.

닉슨과 원만한 관계를 유지하기 위해서는 엄청난 칭찬과 아부가 필요했습니다. 닉슨은 칭찬을 능가하는 아부를 무척이나 좋아했습니다. 닉슨의 분노는 참모를 무조건 굴복하게 만들었고 참모는 닉슨의 분노가 가능한 한 빨리 잠잠해지기를 기다리는 수밖에 없었습니다. 만약 닉슨의 판단에 이의를 제기하거나 도전하면 곧바로 해고해버렸습니다. 이런 일은 닉슨이 워터게이트 사건으로 궁지에 몰렸을 때 특히 자주 일어났습니다. 닉슨은 자신이 종종 외교정책에서 용감한 결정을 내린다는 점에 자부심을 가졌지만 키신저는 다음과 같이 말했습니다.

외교정책을 제외하고는 왕관을 쓸 만한 성공이 아무것도 없다는 사실을 알기에, 기쁨은 없고 절망만 있는 용기였습니다.[87]

존 에를리크만은 자서전에서 닉슨에 대해 다음과 같이 썼습니다.

---

[87] Walter Isaacson, *Kissinger* (New York: Simon and Schuster, 1992), p.146.

닉슨은 국외 일을 훨씬 좋아했습니다. 아무리 노력하고 열정을 쏟아도 즐겁지 않고 또 쉽사리 해결할 수 없는 국내 문제에는 늘 시큰둥했습니다. 그는 감사할 줄 모르고 늘상 요구만 거듭하는 이익집단을 저주했습니다. 대신 외교정책의 화려함 -대사들이 의식을 갖추어 신임장을 수여하는 일이나 러시아와 정상회담에서 건배를 주고받는 일은 물론 대통령의 자존심이 가득한 메시지를 내는 일- 을 좋아했습니다. 반면 하수도 공장을 방문하는 일은 자유세계의 리더가 해야 할 일로 여기지 않았습니다.[88]

화려함을 어찌나 좋아했던지 1970년 닉슨은 백악관이 어떻게 해야 화려하게 보일지 고민했습니다. 백악관 경호원은 조지 맥거천George McCutcheon의 인기 소설을 배경으로 한 그라우스타키안 복장Graustarkian costume 같은 옷을 입어야만 했습니다. 이 요란한 복장은 사람들이 짧은 제복에 황금색 견장을 달고 긴 모자를 쓴 경호원을 보고 비웃자 얼마 못 가 사라졌습니다. 닉슨은 대통령의 등장을 알리는 중세풍의 뿔 모양 복장을 한 나팔수도 고안해냈습니다.

---

88   Ehrlichman, *Witness to Power*, pp.207-208.

보좌관에 포위되다

닉슨 행정부는 백악관 참모의 권력을 약화하는 한정된 언어를 사용했지만 역사상 가장 강력한 참모를 고용했습니다. 닉슨 행정부가 출범하면서 임명된 참모들은 선임자와 함께 어떻게 하면 내각 부처가 백악관의 일에 잘 순응할 수 있을지 논의했습니다. 그들은 존슨이 있는 백악관에서 조셉 칼리파노_{Joseph Califano}처럼 모든 권력을 가진 백악관 참모는 없다고 주장했지만 칼리파노가 떠난 자리를 대신할 새로운 참모에게 주어진 권한은 칼리파노의 두 배이상이었습니다. [89]

얼마 지나지 않아 참모가 백악관의 통제권을 장악했습니다. 짧은 머리에 냉정한 성격의 소유자이자 밥_{Bob}으로 불리는 해리 홀더먼은 1968년 선거에서 닉슨 캠프의 광고 대리인으로 활동해 사람들을 놀라게 했습니다. 그다음으로 강력한 참모는 홀더먼의 절친한 친구이자 시애틀에서 활동하는 변호사 존 에를리크만이었습니다. 선거에서

---

89   Drew, *Richard M. Nixon*, p.30.

닉슨을 도운 에를리크만은 닉슨 행정부가 출범하자 국내 문제를 전적으로 책임지게 되었고 마음대로 부릴 수 있는 직원이 무려 80명이나 되었습니다.

선거에 관여한 사람들은 닉슨 행정부가 목표를 제시하고 비전을 실현하기 위한 정책을 수립하기보다 순간의 정치에 집중하도록 했습니다. 존슨 행정부 때 임명된 사람들을 모두 해고하겠다고 맹세했지만 실상은 존슨 행정부 때 임명된 사람들 다수가 맡은 일을 그대로 수행했습니다.

닉슨의 백악관 참모는 30세 이하가 많았습니다. 이전에 당선된 모든 대통령의 30세 이하 참모를 합한 것보다 많았습니다. 닉슨은 참모 자리를 줌으로써 그들에게 진 빚을 갚았습니다. 젊은 참모는 대부분 선거 때 기교를 부려 닉슨의 대통령 당선에 기여한 자들이었습니다. 하버드대학 교수이자 케네디 정부 때 노동부장관으로 일한 다니엘 모이니한Daniel Moynihan과 지적으로 귀찮게 구는 사람들에 의해 발탁된 젊은 학자도 있었습니다. 하지만 지적으로 무게감이 있는 사람은 모이니한과 키신저 둘뿐이었습니다. 키신저는 닉슨이 자랑으로 여기는 외교 분야에서 가능한 한 닉슨의 영역을 침범하지 않는 범위에서 빠르게 참모들을 모아 일을 처리해나갔습니다. 21세에 하버드를 졸업하고 얼마간 모이니한의 참모로 일했던 크리스토퍼

데무스Christopher DeMuth[90]는 후에 다음과 같이 회고했습니다.

닉슨의 백악관에 있는 참모들은 참모가 아니었습니다. 저희는 일종의 노선에 따라 움직이는 책사에 불과했으며 대통령과 가까운 사람들이 곧 정부라고 느꼈습니다. 저는 닉슨 행정부가 출범한 초창기부터 이미 루비콘Rubicon강을 건넜다고 생각했습니다. 참모들은 백악관이 대통령의 참모가 아니라 운영본부의 지시에 따라 움직인다고 생각했습니다. 사실 저희는 내각관리에게 단순한 내용을 알리거나 지시하는 일을 했습니다. 저는 닉슨이 몰락한 중요한 원인은 참모가 참모 역할을 할 수 없는 시스템에 있다고 보았습니다. 참모들은 주택·도시 개발부를 조정할 수 있다면 국세청도 조정할 수 있다고 생각했습니다. 닉슨의 백악관에는 안 좋은 판단을 내리면서 너무나 많은 권력을 가진 젊은이가 많았습니다. 이것이 닉슨을 워터게이트로 이끈 요인입니다.[91]

닉슨은 백악관 참모를 재조직하고자 했지만 원활하게

---

90   데무스는 보수 성향의 싱크탱크인 미국기업인협회 회장을 지냈습니다.

91   Drew, *Richard M. Nixon*, p.31.

실행되지 않았습니다. 대통령학으로 유명한 아서 슐래진 저 2세Arthur Schlesinger Jr.는 「제국 대통령Imperial Presidency」에서 다음과 같이 말했습니다.

닉슨은 권력을 집중해 내각을 약하게 만들었습니다. 닉슨 행정부 2기 때 내각은 한두 사람을 제외하고는 해당 부서는 물론 얼굴도 알려지지 않아 존재를 대변할 만한 성과가 아무것도 없는 정체불명의 단순 직원 같은 사람들로 구성되었습니다. 이뿐만 아니라 백악관의 권력 집중은 닉슨의 정책 수립과 실행 과정을 직무상의 비밀로 보호할 수 있도록 해주었습니다. 힘 있는 백악관 보좌관은 의회의 소환에 응하지 않아도 되었기 때문이었습니다. 우드로 윌슨Woodrow Wilson의 전기 작가 아서 링크Arthur Link는 "대통령은 안전하지 않을수록 더 많은 보좌관을 원합니다"라고 말했는데 닉슨이 실제로 그러했습니다. 닉슨 대통령은 시간이 흐를수록 수많은 보좌관 사이에서 점점 '짜르Czar'처럼 되어갔습니다. [92]

. **92** Arthur M. Schlesinger Jr., *The Imperial Presidency* (Boston: Houghton Mifflin, 1973), pp.220, 495.

문고리 권력, 베를린 장벽이 되다

닉슨은 평상시 보좌관과 떨어져서 생활했습니다. 홀더먼, 에를리크만, 그리고 키신저와도 주로 메모나 전화로 소통했습니다. 이들을 제외한 나머지 보좌관은 대통령과 얼굴을 마주하기가 하늘의 별 따기보다 어려웠습니다. 홀더먼과 에를리크만은 "베를린 장벽Berlin wall"이라 불릴 만큼 다른 사람이 닉슨에게 접근하는 것을 통제했습니다. 내각장관은 물론 어떤 관료도 그들의 허락 없이는 닉슨에게 접근하지 못했습니다. 닉슨은 보좌관들과 어울려 논쟁을 벌이는 일이나 정책 불일치가 공공연하게 드러나는 공개회의를 싫어했습니다.

좋아하는 보좌관을 만날 때면 함께 산책을 하며 주로 역사에 관한 이야기를 했습니다. 닉슨은 대학에서 역사를 전공했으며 대학을 졸업한 후에도 역사책을 수없이 읽었습니다. 역대 대통령의 위대한 리더십에 관한 열망이 이야기의 중심이었습니다. 에를리크만은 닉슨에 대해 다음과 같이 회고했습니다.

닉슨은 개인적으로 만나기 어려운 사람이지만 혹시 만나더라도 전혀 이로울 것이 없습니다. 그는 문제를 숙고하느라 횡설수설하는 데 너무나 많은 시간을 허비했습니다.[93]

닉슨은 다른 사람과 얼굴을 마주하는 것보다 전화로 이야기하기를 좋아했습니다. 닉슨은 종종 늦은 밤에 지지자와 보좌관에게 전화를 하곤 했습니다. 존슨은 60명과 직통 전화를 했지만 닉슨이 직통 전화를 거는 사람은 고작 세 명뿐이었습니다. 알고 계시겠지만 홀더먼, 에를리크만, 그리고 키신저였습니다. '예약 없이walk-in rights' 집무실에 방문할 수 있는 사람은 세 사람과 더불어 개인 비서인 로즈 우즈Rose Woods 정도였습니다. 그녀는 후에 닉슨이 끝내 제출을 거부한 녹음테이프 18분을 삭제한 인물로 알려졌습니다.

심지어 아내에게 직접 말하지 않고 "닉슨 부인에게, 대통령으로부터"라고 적힌 메모를 전달했습니다. 카티 마튼은 "실제로 대통령과 퍼스트레이디는 백악관에서 따로 생활했습니다"라고 밝혔습니다.[94] 퍼스트레이디 팻 닉슨은

---

93   Ehrlichman, *Witness to Power*, p.79.

94   Marton, *Hidden Power*, p.171.

로즈 우즈

주로 백악관을 정비하는 데 시간을 보냈습니다. 그녀는
공식적으로 남편을 지지했지만 정치현장에서 행복해 보
이지 않았습니다. 매우 활기찬 모습을 유지했지만 "태도
를 마음대로 바꾸는 팻, 완벽하고 의무에 충실하며 조용
한 아내"라는 공적인 이미지를 가지고 있었습니다. 팻은
혼자 외국 여행을 많이 다녔습니다. 외국에서 그녀는 아
주 자연스럽고 생기 넘치는 모습이었습니다. 닉슨 대통령
과 퍼스트레이디 사이에는 항상 깊은 긴장감이 맴돌았습
니다. 닉슨은 두 딸을 돌보았고 특히 둘째 딸 줄리와 가깝
게 지냈지만 백악관에서 가족과 함께 보내는 시간이 거의
없었습니다. 닉슨은 보좌관을 시켜 두 딸에게 메시지를
보내 잠깐씩 만나곤 했습니다.

닉슨은 백악관에서 보낸 시간의 70퍼센트 이상을 홀더먼과 함께했지만 친밀한 관계로 발전하지는 못했습니다.[95] 다른 사람과 떨어져 혼자 있기를 좋아하기도 했지만 시간이 흐를수록 자신의 최고 보좌관에게 더 의존하게 되었습니다. 이야기를 나눌 수 있는 유일한 상대이자 가족보다도 편안함을 느낀 사람이었습니다. 닉슨은 참모장 홀더먼이 세세한 일기를 쓰고 있다고 생각하지 못했습니다. 홀더먼이 죽은 후 몇 년이 지나 그것이 책으로 출간될 줄도 몰랐습니다. 사람들은 백악관 내부에서 일어나는 일은 물론 대통령과 나눈 개인적인 대화를 별 다른 뜻 없이 드러낸 책이라고 믿었습니다. 홀더먼은 작은 카메라로 몇몇 중요한 일을 찍어두기도 했습니다.

참모장이었던 홀더먼은 백악관이 순조롭게 돌아가도록 하는 일뿐만 아니라 중요한 정책 결정에 관여했습니다. 홀더먼은 일주일 내내 일을 했고 때로는 밤늦은 시간까지 백악관에서 일어나는 거의 모든 일에 관여했습니다. 당연한 말이겠지만 홀더먼은 닉슨에게 유용한 사람이었습니다. 홀더먼은 대통령이 해야 할 일에 닉슨보다 더 헌신했습니다. 닉슨은 홀더먼을 "문지기gatekeeper"라고 불렀습니다. 대통령을 만나고자 하는 사람이라면 부통령은 물론

95　Small, *The Presidency of Richard Nixon*, p.217.

내각장관에게도 "안 됩니다"라고 말할 수 있는 유일한 사람이 홀더먼이었습니다. 기꺼이 닉슨의 개가 된 홀더먼은 품격이 떨어지고 인간성이 없는 사람으로 알려졌습니다. 1971년 닉슨은 내각인사에게 다음과 같이 말했습니다.

홀더먼은 최고 사형 집행자입니다. 그가 여러분에게 뭔가를 요구하면 저에게 와서 징징거리지 말기를 바랍니다. [96]

여소야대에도 의회를 무시하다

닉슨은 대의회 관계를 몹시도 어려워했습니다. 대통령에게 주어진 권력을 마음대로 휘두르고 싶었지만 대통령을 지내는 내내 정국이 여소야대與小野大였습니다. 의회에서 다수당을 차지한 민주당은 툭하면 권력 행사를 제한하

---

[96] Harry R. Haldeman, *The Haldeman Diaries: Inside the Nixon White House* (New York: Putnam, 1994), pp.7-8.

고 좌절시켰습니다. 닉슨이 대통령에 당선되었을 때 민주당은 상원에서 57석, 공화당이 190석에 불과한 하원에서 242석을 차지하고 있었습니다. 대통령을 당선시킨 여당이 의회에서 상대 당에 지배당한 경우는 1848년 이래 닉슨 행정부가 유일했습니다.

닉슨 행정부는 시작부터 민주당 세력과 싸워야 했습니다. 얼굴을 맞대고 하는 대결을 몹시도 싫어했던 닉슨은 의회를 다루는 데 많은 어려움을 겪었습니다. 심지어 자당自黨마저 닉슨을 지지한 우파나 중도 우파보다 당내 영향력이 큰 메릴랜드의 찰스 마티아스Charles Mathias, 매사추세츠의 에드워드 브룩Edward Brooke, 켄터키의 존 쿠퍼John Cooper 등으로 이루어진 자유파의 목소리가 더 높았습니다.

닉슨은 명문가 출신이 많은 공화당 자유파를 민주당 의원보다 더 싫어했습니다. 닉슨의 참모 역시 그들을 경멸했으며 닉슨은 그들을 "가짜 자유파phony liberals"라고 불렀습니다. [97] 닉슨 주변의 사람들은 공화당 자유파를 따돌리거나 심지어 당에서 추방하는 것에 망설임이 없었습니다. 공화당 자유파를 따돌릴 경우 당내에서 '동부 엘리트'의 영향력을 줄일 수 있고 자신의 중요 지지 세력인 블루칼라 노동자의 힘을 키울 수 있었습니다. 닉슨은 자신을

---

[97]   Evans and Robert Novak, *Nixon in the White House*, p.110.

"실용주의자"라고 말하곤 했지만, 1990년에 출간한 「투기장에서In the Arena」에서 다음과 같이 저술해 스스로를 모순에 빠뜨렸습니다.

최악의 실용주의는 구체적인 작용 외에 아무것도 믿지 않고 필연적으로 워싱턴의 영구적인 자유파 체제의 포로가 되는 무뚝뚝한 온건주의자가 행하는 것입니다.[98]

여소야대 정국이 분명한데도 닉슨은 의회와 원만한 관계를 이루고자 하는 마음이 조금도 없었습니다. 오히려 닉슨은 이렇게 생각했습니다. "내가 대통령이자 국정의 책임자인데, 그들이 굴복하고 나의 국정 운영을 따라주어야 하는 것 아닌가?" 심지어 닉슨은 민주당을 상대해줄 자당 공화당의 목소리도 통합하지 못하고 자신과 다른 목소리를 내는 자유파와 중도파 인사를 비난하고 당에서 추방하고자 했습니다. 닉슨의 의회관은 오만 그 자체였습니다.

---

[98] Richard Nixon, *In the Arena* (New York: Simon and Schuster, 1990), p.333.

반대하는 기자는 적이다

닉슨은 자신을 부정적으로 평가하는 언론 종사자를 모두 '적enemy'으로 간주했습니다. 매일 아침 참모들이 요약한 신문, 잡지, 텔레비전 등에 보도된 기사를 읽다가 거슬리는 내용이 있으면 여백에 무엇인가를 적어 시행하라고 지시했습니다. 이따금 닉슨은 행정부를 비판하는 기자들을 강하게 비난했습니다. 그럴 때면 "그를 꼼짝 못 하게 하시오", "그를 추방해버리시오", "그를 녹다운시키시오" 등의 말을 참모에게 하거나 글로 썼습니다. 참모들은 닉슨이 지목한 기자나 언론사는 백악관에서 열리는 각종 행사에 초대하지 않는 '동결 목록'을 작성했습니다. 이는 1974년 워터게이트 사건에서 법원에 의해 폭로된 닉슨 행정부의 블랙리스트인 '적 명부'가 되었습니다. [99]

닉슨은 자신이 싫어하는 사람을 처리하는 더러운 짓거리를 다른 사람에게 교묘히 명령했습니다. 1970년 가을 부통령 스피로 애그뉴Spiro Agnew는 닉슨의 부추김에 못 이겨

---

[99]   Ochester, *Richard M. Nixon*, p.61.

여러 연설에서 언론을 심하게 꾸짖었습니다. 디모인에서 발언한 애그뉴의 악명 높은 연설은 뉴욕과 워싱턴을 중심으로 귀결되는 편협적 지역성과 텔레비전 방송국의 네트워크를 공격했습니다. 애그뉴는 닉슨의 언어로 그들을 "선출되지 않은 엘리트"라고 부르면서 대통령의 연설을 즉각 논박하는 관행을 비난했습니다. 연설문 집필자 패트릭 뷰캐넌 Patrick Buchanan과 정치보좌관 찰스 콜슨도 언론을 공격하는 데 가담했습니다. 두 사람은 닉슨을 위한 도끼 역할을 하면서 닉슨의 적을 파괴하는 데 몰두했습니다. 애그뉴의 드모인 연설은 뷰캐넌의 작품이었고 연설 전체를 살펴보면 닉슨이 평소 개인적으로 사용한 용어로 가득했습니다.[100] 특히 뷰캐넌은 행정부가 〈워싱턴포스트〉와 같은 텔레비전 방송국을 소유한 신문사를 반대하는 반독점 체제를 이끌 수 있다고 암시했습니다. 닉슨 행정부는 〈워싱턴포스트〉의 방송 허가권을 빼앗고자 했지만 실패했습니다.[101]

CBS 방송국의 다니엘 쇼르 Daniel Schorr가 보도한 내용에 분노한 닉슨은 국세청에 연락해 그를 세무 조사하도록 명령했습니다. 이 일에 관한 소문이 퍼지자 행정부는 쇼르를 위한 일자리를 고려하기 위한 배경 조사일 뿐이라고

100 Evans and Robert Novak, *Nixon in the White House,* pp.316-317.

101 Greenberg, *Nixon's Shadow,* p.158.

주장했습니다. 닉슨의 연설을 책임 집필하는 레이 프라이스Ray Price는 다음과 같이 고백했습니다.

> 우리는 종종 거짓말을 했으며, 언론을 이용하면서도 조롱했습니다. [102]

닉슨은 기자회견을 시간 낭비에 불과하다고 여기면서도 대중에게 좋은 인상으로 남기를 원했습니다. 그래서 기자회견이 열릴 때마다 쪽지 없이 대화하기 위해 예상되는 문제의 답변을 암기하면서 오랜 시간 준비했습니다. 닉슨은 지적이고 사려 깊고 영리한 사람이었기 때문에 효과적인 기자회견을 할 수 있었습니다. 그러나 기자회견을 성공적으로 마무리한 경우가 거의 없었습니다. 에반스와 노박은 닉슨의 기자회견을 두고 다음과 같이 말했습니다.

> 리처드 닉슨만큼 기자회견을 성실하게 준비한 대통령은 없었습니다. 그는 시원하고 어두운 방에 앉아 자신의 생각을 정리하고 간결하게 표현하기 위해 노력했습니다. 그러나 기자회견을 열기 위해 백악관 이스트룸으로 들어가기만 하면 땀으로 흠뻑 젖었습니다. [103]

---

[102] Ibid, p.127.

[103] Evans and Novak, *Nixon in the White House*, pp.316-317.

닉슨은 좋은 인상을 남기기 위해 끊임없이 일했습니다. 비록 대화할 때 장황하게 말했지만 연설이나 기자회견을 할 때처럼 뛰어난 기억력에 의존해 철저하게 준비했습니다. 닉슨은 대통령 임기 동안 텔레프롬프터를 사용하지 않은 것을 자랑스럽게 여겼습니다.

자신을 비판하는 언론을 경멸하면서도 닉슨의 메모장에는 친밀한 저널리스트와 적대적인 저널리스트를 이용해 이미지를 개선하려는 전략이 가득 차 있었습니다. 대통령에 취임하고 5일이 지난 후 닉슨은 에를리크만에게 언론에 다음과 같은 말을 전달하라고 지시했습니다.

리처드 닉슨은 재치 있고 참모에게 친절합니다. 그와 오랫동안 일을 하면서 내각과 안보위원회를 비롯해 자신을 만나기 위해 찾아온 사람들을 위한 미팅을 주도하고 핵심 주제를 파악하는 모습에 깊은 인상을 받았습니다. 닉슨은 엄청난 양의 자료를 읽습니다. [104]

닉슨은 지난 1960년 선거와 1968년 선거에서 이미지 문제로 성공과 실패를 경험했기 때문에 대통령으로서 대중에게 각인될 이미지에 특히 관심을 기울였습니다. 닉슨

---

[104] Drew, *Richard M. Nixon*, p.37.

은 한때 기자들에게 이렇게 말했습니다.

　멋진 모자를 쓰고 백악관에서 춤을 추고 싶어 하는 것이
제 본성이라는 점을 분명히 하고 싶습니다. [105]

　사실 닉슨은 풍부한 제스처를 취하는 능력이 부족했습
니다. 제스처를 취하더라도 여유 있어 보이지 않았습니다.
닉슨은 케네디를 흉내 내며 검은색 윙팁슈즈를 신고 해
변을 걷는 모습을 연출해 사진을 찍기도 했습니다.

닉슨 행정부, 흉악범이 되다

　닉슨 행정부의 흉악한 모습은 닉슨 정부가 출범한 지
몇 달 뒤부터 드러났습니다. 닉슨은 베트남전쟁을 반대하
는 시위대를 비난해 블루칼라 노동자의 지지를 확보하는

---

[105]　Small, *The Presidency of Richard Nixon*, p.230.

방안을 마련하라고 지시했습니다. 나아가 닉슨과 부통령 애그뉴는 1969년 5월 8일 월스트리트에서 전쟁을 반대하는 시위대를 몰아낸 건설노동자들을 대놓고 칭찬했습니다.

얼마 후 백악관에 건설노동자 지도부를 초청해 만찬을 열었습니다. 이날 닉슨은 건설노동자가 쓰는 안전모를 선물로 받았습니다. 닉슨의 오랜 정치 전략가 초티너는 백악관 이스트윙에 위치한 책상에 안전모를 올려두었습니다. 건설노동자조합 회장 피터 브레넌Peter Brennan은 노동부 장관으로 임명되었습니다. 베트남에서 전쟁을 계속하면서 전쟁에 반대하는 시위대를 공격하는 행동은 블루칼라 노동자의 지지를 확보하려는 닉슨 행정부의 전략과 결합해 나타났습니다. 자신감과 정통성이 부족한 권력은 '편 가르기식' 전략을 저지르기 쉽습니다. 닉슨 역시 블루칼라를 부각해 화이트칼라를 비난하고 무시하는 편 가르기 전략을 사용했습니다.

닉슨은 애그뉴를 반대 언론을 공격하기 위한 도구로 사용했으며 애그뉴가 전쟁에 반대하는 시위대를 공격하도록 교묘하게 유도했습니다. 1970년 부통령은 대통령의 승인 혹은 묵인 아래 '급진적 자유주의자radiclib'를 비난하며 무려 36개 주를 여행했습니다. 이 용어는 미국이 베트남전쟁에서 빠져나와 펜타곤 비용국방비용을 줄이기를 원하고, 또 법과 질서를 약화시키는 사람들을 비난한다는 의미로 애그뉴와 닉슨의 연설문 집필자 뷰캐넌이 고심해 구상했습니다.[106] 1971년 5월 초 워싱턴에서 닉슨 행정부를 무너뜨릴 의도로 열린 대규모 반전反戰 데모에서 수만 명이 체포되어 구금되었습니다. 헌법이 보장하는 권한이 깡그리 무시되었지만 법무장관 미첼은 정부의 행동이 헌법을 위배하지 않았다고 강변했습니다. 닉슨은 백악관의 어두운 방에서 급진적 자유주의자와 침묵하는 다수를 비교해 갈라치기하는 전략을 쓰는 데 조금도 주저하지 않았습니다.

닉슨은 선례를 찾아볼 수 없는 참으로 어처구니없는 일을 자행했습니다. 1970년 중간선거에서 닉슨과 초티너는 공화당 상원의원 후보자를 선발할 때 보다 보수적인 후보가 나오도록 노력했습니다. 엄격한 중립을 지켜야 할 현직 대통령이 선거에 관여한 것입니다. 단순한 관여 차원이 아니었습니다. 닉슨과 초티너의 관여는 수백만 달러에 달하는 비밀자금으로 귀결되었습니다. 닉슨 주변의 사람들이 "타운하우스 사업town house project"이라 부르면서 비밀자금은 공공연한 비밀로 알려졌습니다. 이 일은 주로

---

106 Evans and Robert Novak, *Nixon in the White House*, p.328.

전직 백악관 참모들이 워싱턴 북서부에 있는 타운하우스에 본부를 설치해 운영했습니다.

1970년 가을 닉슨과 애그뉴의 거칠고 상스러운 선거 전략이 공화당에 부작용으로 나타났습니다. 애그뉴의 서투른 선거운동은 전통 공화당 지지 세력에게 너무 지나치다는 평가를 받았습니다. 시간이 지나 어떤 주에서도 부통령의 지원연설을 환영하지 않았습니다. 눈치 빠른 닉슨은 애그뉴의 선거운동에 실망했으며 1972년 부통령을 바꿀 생각을 하고 있다고 말했습니다. [107]

1970년 중간선거가 있기 3주 전에 닉슨은 23개 주에서 지지연설을 하며 공화당 후보를 위해 선거운동을 도왔습니다. 많은 논란을 낳았지만 닉슨은 지지연설을 하는 일을 좋아했습니다. 10월 29일 캘리포니아 산호세에서 전쟁 반대 시위대에게 포위되었을 때 닉슨은 차 후드 위로 뛰어올라 이전에 그랬듯이 상황이 자신에게 유리하게 바뀌기를 희망하면서 트레이드마크인 V 사인을 보냈습니다. 군중은 자갈돌, 깃발, 촛불 등을 던졌고 그중 일부는 대통령을 맞히기도 했습니다. 선거 전날 닉슨의 연설은 10월 31일 피닉스에서 한 연설 테이프로 대신했습니다. 닉슨은

---

107 John Osborne, *The Second Year of the Nixon Watch* (New York: Liveright, 1971), p.171.

자신을 공격하고 법과 질서를 어지럽힌 '폭력적 군중'을 혹평했습니다.

닉슨의 노력에도 불구하고 중간선거의 결과는 실망스러웠습니다. 여당인 공화당이 다수당이 되기 위해서는 7석이 필요했지만 고작 2석만 얻었을 뿐이었습니다. 또한 공화당은 11개 주에서 주지사를 잃었고 하원에서도 9석을 잃었습니다. [108] 닉슨과 그의 보좌관들은 선거에서 승리했다고 자평했지만 실상은 그렇지 않았습니다. 선거 이후 닉슨이 백악관에서 은거하는 통치 방식을 포기하고 보다 적극적으로 비전을 제시하는 대통령으로 거듭나야 한다는 평가가 대세를 이루었습니다.

시간이 흐르면서 닉슨은 거의 모든 내각장관에게 만족하지 못했습니다. 그도 그럴 것이 장관을 뽑을 때 닉슨은 누가 부처를 이끌어 당면한 문제를 잘 해결할 것인지 전혀 관심이 없었습니다. 그러니 막상 임명해놓고 보니 대부분의 장관이 불만족스러웠으며 관료주의에 사로잡힌 무능한 리더에 지나지 않는다는 사실을 깨달았습니다. 닉슨은 불평하는 장관을 "불평꾼crybabies"이라 불렀으며 장관과 함께하는 내각회의를 너무도 싫어했습니다. 닉슨의 보

---

108 1970 United States elections.

좌관은 내각의 장관이 백악관의 구미에 잘 대응할 수 있도록 여러 조치를 취했습니다. 닉슨의 보좌관은 당시를 이렇게 회고했습니다.

이런 일은 바티칸이나 마피아들 사이에서 일어납니다. 그러나 백악관에서도 일어나야만 했습니다.[109]

닉슨은 내각장관이 해야 할 일을 보좌관에게 이관했습니다.[110] 1970년 중간선거 이후 닉슨과 그의 백악관은 내무장관 윌리 힉켈을 시작으로 숙정 리스트를 작성했습니다. 힉켈은 내무부 범위 밖의 문제들 -캠퍼스에서 일어난 전쟁 반대 활동에 동정을 표하고, 캄보디아 폭격에 반대 의견을 내고, 반환경주의에서 태도를 바꾸어 친환경주의 노선을 표방한 것 등- 에 노골적으로 관여해 닉슨과 보좌관을 분노하게 만들었습니다.

더욱이 힉켈은 1970년 5월 닉슨 행정부가 젊은 청년에 대한 관심이 턱없이 부족하다고 비판하는 편지를 언론에 공개했습니다. 닉슨과 가까운 보좌관들은 힉켈을 즉시 해

---

109 Elizabeth Drew, Washington Report, *Atlantic* (May, 1970).

110 Ehrlichman, *Witness to Power*, pp.111-112.

임하기로 결정했지만 힉켈이 전국에서 지지를 받아 1970년 선거 이후로 해임을 미루었습니다. 닉슨은 힉켈뿐만 아니라 마음에 들지 않는 여러 장관을 해임하라고 수시로 말했지만 실제로 그렇게 하기는 어려웠습니다. 그럴 때마다 닉슨은 교묘하게 빠지고 임무를 받은 법무장관 미첼이 나섰습니다. 선거 후 미첼이 힉켈에게 장관 자리를 내놓으라고 말하자 힉켈은 단숨에 거절했습니다. 원래 내각장관은 함부로 해임할 수 없는 자리입니다. 어쩔 수 없이 닉슨이 힉켈 소동을 마무리하기 위해 힉켈에게 없는 죄 -힉켈이 대대적인 시위를 주도했다는 오명- 를 만들어 사임을 요청했다고 발표했습니다.

닉슨은 주택도시개발부 장관 조지 롬니도 숙청하고자 했습니다. 롬니는 긴장된 상태에서 과장해 말하는 습성을 가지고 있었으며 장관에 임명되자마자 여러 도시를 위해 더 낮은 비용으로 주택을 마련할 수 있는 방안을 요구했습니다. 닉슨과 백악관을 가장 괴롭게 만든 활동은 백인 주거지역에서 인종 통합을 추진한 것이었습니다. 닉슨은 이번에도 법무장관을 시켜 롬니를 해임하고자 했습니다. 미첼의 사임 요구에 롬니는 대통령만이 사임을 요구할 수 있다고 말하면서 단호히 거절했습니다. 닉슨에게는 특별한 이유 없이 롬니를 해임시킬 정도의 배짱이 없었습니다. 특히 힉켈 소동이 있고 난 후 더 소심해졌기 때문에 결국 롬니는 장관 자리에 머무르게 되었습니다.

힉켈과 롬니 소동으로 혼란을 경험한 닉슨은 보다 은밀하게 해임을 진행했습니다. 닉슨의 인사담당 보좌관 프레드 말렉Fred Malek을 시켜 62명의 공직자를 해임했습니다. 닉슨의 묵인 아래 말렉의 숙청은 1971년까지 계속되었습니다. 그럼에도 닉슨은 다음과 같이 불평했습니다.

조사를 해보니 관료의 96퍼센트가 우리를 반대하고 있다는 사실을 알았습니다. 그들은 지금도 우리를 속이고 괴롭히는 개새끼 같은 놈입니다. [111]

닉슨이 말렉에게 지시한 또 다른 흉악한 처사는 노동통계청에서 일하는 유대인의 수를 정확히 세어보라고 명령한 일입니다. 닉슨이 이 일을 시킨 이유는 유대인이 실업률을 조작해 바빠 보이도록 하고 있다고 믿었기 때문이었습니다. 말렉은 닉슨의 명령을 따랐습니다. [112]

---

[111]   Small, *The Presidency of Richard Nixon*, pp.41-42.

[112]   Greenberg, *Nixon's Shadow: The History of an Image*, p.47.

국민을 불행하게 만든
대통령들 10인 시리즈
리처드 닉슨

08

워터게이트 사건

워터게이트, 전초전이 일어나다

이미 살펴보았듯이 닉슨은 외교적 측면에서 역사적 승리로 불릴 만큼 많은 업적을 남겼습니다. 논란의 여지는 있지만 어쨌든 베트남전쟁을 종결시켰고, 냉전으로 경쟁만 하던 중국과 소련을 방문해 국제정세의 긴장 완화를 이끌어냈습니다. 정작 그는 중요하게 여기지 않았지만 국내에서 환경보호와 관련해 많은 업적을 남기기도 했습니다.

백악관에서 일하는 보좌관들은 닉슨의 모순을 보았습니다. 닉슨은 평상시 대단히 지적이고 합리적으로 보이다가 갑자기 화를 내고 의심을 하며 돌변했습니다. 의심은 최고 권력자인 닉슨이 터무니없는 행동을 하도록 만들었습니다. 1971년 초 닉슨은 집무실에 정교한 음성 활성화 녹음 시스템을 설치하고자 했습니다. 설치를 반대하는 사람들에게 닉슨은 테이프가 장차 자신의 회고록을 집필할 때 많은 도움을 줄 것이라 말했습니다. 여기에 더해 백악관을 방문한 '비우호적인 사람들'의 발언을 녹음해두면 언젠가 이 테이프가 그들을 옭아맬 것이라고 했습니다.

닉슨은 두 가지 목적을 말했지만 실상은 후자에 더 집착했습니다. 비우호적인 사람들의 발언을 녹음하겠다고 했지만 '우호적인 사람들'도 의심스러워 믿을 수가 없었습니다. 목적이야 어찌되었든 케네디와 존슨 대통령도 백악관 집무실에 비밀 녹음 시스템을 설치했지만 닉슨이 설치한 시스템은 이보다 훨씬 광범위했습니다. 닉슨은 다른 사람을 믿지 못했고 혹시나 그들이 자신을 비난할까봐 걱정했습니다.

의심과 집착은 닉슨을 파멸의 길로 들어서게 만들었습니다. 1970년 닉슨은 백악관 보좌관 토마스 휴스턴Thomas Huston이 기획한 이른바 '휴스턴 플랜Huston plan'을 승인했습니다. 이 계획에는 비우호적인 단체나 개인을 향한 불법사찰, 불법침입, 도청, 감시, 우편물 점검, 폭탄설치 등 자세한 실행 프로그램이 들어 있었습니다. 닉슨은 워싱턴에 있는 자유주의적이며 린든 존슨의 싱크탱크 역할을 한 브로킹스연구소Brookings Institution를 폭파시키를 원했습니다. 그러나 당시까지만 해도 미국 정부의 총아로서 닉슨보다 훨씬 보수적이던 FBI 국장 에드거 후버Edgar Hoover가 이를 반대했습니다. 닉슨은 어쩔 수 없이 휴스턴 플랜을 취소하겠다고 말했지만 하원소위원회에서 휴스턴은 "휴스턴 플랜은 취소되지 않았으며 배관공 팀plumbers의 작전

으로 변화해 진행되었다"고 증언했습니다.[113]

얼마 후 펜타곤 페이퍼 유출 사건이 터졌고 닉슨은 백악관에서 키신저, 홀더먼과 함께 대책회의를 열었습니다. 1971년 6월 17일에 녹음된 테이프에서 닉슨은 휴스턴 플랜이 취소된 것을 언급하며 다음과 같이 말했습니다.

저는 그 일이 수행되기를 원합니다. … 젠장, 침입해서 파일을 가지고 오세요. 안전장치를 날려버리고 가지고 오란 말입니다.[114]

찰스 콜슨이 실제로 브로킹스연구소를 폭파한 틈을 타서류를 가지고 오려는 계획을 구상했지만 실현되지 않았습니다. 그러나 1971년 6월 휴스턴 플랜 같은 일을 저질러야만 하는 사건이 발생했습니다. 닉슨의 두려움과 의심을 고조시키는 사건이었습니다. 〈뉴욕타임스〉와 〈워싱턴 포스트〉 등의 언론이 베트남전쟁에 개입한 미국의 참전 과정을 세세하게 기록한 정부 비밀문서인 '펜타곤 페이퍼'를 보도하기 시작했습니다. 문서 작성에 기여한 국방성 연구가 다니엘 엘스버그Daniel Ellsberg가 신문사에 복사본을

- **113** Drew, *Richard M. Nixon*, p.102.
- **114** Ibid, pp.102-103.

유출하면서 벌어진 사건이었습니다. 펜타곤 보고서에는 닉슨 행정부와 관련된 내용이 아무것도 없었습니다. 그럼에도 닉슨은 국가 비밀문서가 아무런 여과장치 없이 언론에 공개되었다는 사실에 분노했습니다. 닉슨과 국가안보 문제를 책임지고 있던 키신저는 국가 비밀문서를 보도하고 출판하는 행위는 국가안보를 위협한다고 확신했습니다. 국방성 문서가 유출되면 두 사람이 추진해온 베트남전쟁에 관한 초기 비밀협상이 폭로되고 결국은 미래에 이루어질 협상이 어려워진다고 생각했습니다. 닉슨의 강요하에 정부는 문서를 출판한 신문사를 상대로 더는 출판을 하지 말라고 요구하는 법적 소송을 제기했습니다. 그러나 대법원은 정부의 소송을 기각하고 언론의 자유에 유리한 판결을 내렸습니다.[115]

닉슨은 법원의 판결에 극도로 화를 내며 더욱 음산하고 부정적인 방안을 생각해 실행에 옮겼습니다. 정부 비밀문서가 유출되는 일을 막는 팀을 구성하라고 직접 명령하지는 않았지만 닉슨은 대법원 판결이 있고 난 후 보좌관에게 다음과 같이 말했습니다.

---

[115] 2017년 개봉한 스티븐 스필버그 감독의 영화 <더 포스트(*The Post*)>는 펜타곤 페이퍼 유출과 관련해 닉슨 행정부가 신문사를 상대로 취한 법적 소송 문제를 잘 다루고 있습니다.

저는 이 일 뒤에 누가 있는지, 어떻게 이런 일이 일어날 수 있는지 확실하게 알기를 원합니다. 또한 엘스버그에 관한 좋은 정보를 원합니다. 어떠한 비용과 희생이 따르더라도 이루어지기를 원합니다.[116]

닉슨의 말에 따라 구성한 팀이 이른바 '배관공'이었습니다. 배관공 팀의 주요 임무는 누수를 막는 일이었으므로 비밀리에 구성하지 않아도 되었습니다. 그들은 백악관 옆 행정빌딩 16호실에 사무실을 차리고 입구에 '배관공'이라는 팻말도 달았습니다. 배관공 팀은 누수를 막는 일에 국한하지 않고 닉슨이 은근히 바라는 특별한 일도 했습니다. 닉슨은 펜타곤 페이퍼 유출을 주도한 엘스버그에게 큰 불만을 가지고 있었습니다. 하버드 출신인 그가 언론과 사바사바해 그런 일을 벌였다는 사실을 그냥 두고 넘어갈 수는 없었습니다. 배관공 팀이 맡은 특별한 임무는 엘스버그를 파괴할 만한 정보를 수집해 그를 공식적으로 괴롭히고 고통을 주는 일이었습니다.

배관공 팀의 전직 FBI 직원 고든 리디Gordon Liddy와 전직 CIA 직원 하워드 헌터Howard Hunt는 엘스버그를 치료한 캘리포니아 정신과 의사 루이스 필딩Lewis Fielding의 사무실

---

116 Karnow, *Vietnam: A History*, p.633.

고든 리디   하워드 헌터

을 불법으로 침입해 들어갔습니다. 엘스버그의 정신건강에 대한 좋지 않은 정보를 찾고자 했지만 아무것도 얻지 못한 채 그곳을 몰래 빠져나왔습니다.

닉슨의 집요한 요구 끝에 엘스버그는 1973년 1월 3일 절도 및 음모 혐의로 1917년 전시(戰時)에 만들어진 간첩법에 따라 최고 115년형을 선고받았습니다. 하지만 뛰어난 변호사 레너드 부댕(Leonard Boudin)과 하버드 로스쿨 교수 찰스 네슨(Charles Nesson)의 진정성 넘치는 변호 덕분에 1973년 5월 11일 모든 혐의가 기각되었습니다.[117] 펜타곤 페이퍼 유출 사건은 아무도 모르게 땅속으로 묻힐 뻔했으나 후에 워터게이트 사건을 조사하면서 사건의 전모가 밝혀져

． **117** *The Washington Post* (January 15, 2006).

워터게이트 사건의 일부가 되었습니다.

베트남전쟁이 없었다면 아마도 워터게이트 사건도 없었을 것입니다. [118]

홀더먼은 이렇게 저술했으나 글쎄요, 과연 그랬을까요? 참모장인 홀더먼이 그래도 닉슨에게 어딘가 정이 남아 있어서 이런 말을 하지 않았을까 생각합니다. 닉슨에게는 언제라도 워터게이트 사건이 일어날 수 있는 위험이 도사리고 있었습니다. 누구든 의심하는 과대망상에, 지고는 못 살며, 반대하는 자를 적으로 여겨 반드시 파괴해야만 속이 후련한 성격에는 베트남전쟁이 발발하지 않았어도 워터게이트 사건이 일어날 수 있었다고 생각합니다. 그리스 철학자 헤라클레이토스의 "인간의 성격이 그의 운명을 결정한다"는 말을 다시 한번 강조하고 싶습니다.

---

[118] Harry R. Haldeman and Joseph Dimona, *The Ends of Power: An explosive insider's account of Watergate* (New York: Lume Books, 2019), p.79.

오브라이언을 제거하라

1972년 1월 재선을 위한 시간이 다가오자 닉슨과 그의 주요 보좌관들은 법무장관 존 미첼을 위원장으로 하는 대통령 재선위원회를 구성했습니다. 언젠가부터 배관공 팀의 멤버 고든 리디도 정보수집 책임자로 함께 일했습니다. 그해 6월 초 닉슨이 소련을 방문해 브레즈네프와 환담을 나누는 동안 리디와 헌터가 재선위원회의 허락을 받아 다른 불법적 모험을 획책했습니다. 그들은 워싱턴 초호화 복합 아파트인 워터게이트에 입주한 민주당전국위원회 사무실을 불법침입해 위원장 래리 오브라이언Larry O'Brien의 전화기에 도청장치를 설치하고자 했습니다.

오브라이언은 닉슨 행정부가 가장 싫어하는 인물로 손꼽히는 사람이었습니다. 1960년 선거에서 오브라이언의 눈부신 활약 때문에 케네디에게 패배했다고 생각했을 뿐만 아니라, 영화와 항공 산업에서 거부가 된 하워드 휴즈Howard Hughes에게 받은 정치자금에 대해 오브라이언이 알고 있으리라 생각했습니다.[119] 더불어 1972년 그가 다시 대통령선거를 총괄하는 위원회 위원장으로 활동하자 닉슨은 적지 않은 스트레스를 받았습니다. 그래서 무자비하게 충성하는 찰스 콜슨에게 오브라이언에 관한 좋은 정보가 없는지 집착했습니다. 엘스버그에 관한 좋은 정보가 없는지 집착한 것과 마찬가지였습니다. 콜슨의 지시로 재선위원회는 이미 오브라이언의 국세청 자료를 확보하고 있었지만 닉슨은 여기서 만족하지 못했습니다. 후에 재선위원회 부위원장 젭 마그루더Jeb Magruder는 콜슨이 "닉슨은 오브라이언에 관한 더 특별하고 많은 정보를 원합니다"라고 위원회에 지시했다고 말했습니다.[120]

워터게이트 사건에 관한 수많은 연구서와 논문이 있지만 가장 산뜻하면서도 이해하기 용이한 설명이 있습니다. 심리학자 로버트 치알디니Robert Cialdini가 「설득의 심리학: 사람의 마음을 사로잡는 6가지 불변의 법칙Influence: Science and Practice」에서 언급한 워터게이트 사건에 관한 설명입니다.

---

119   1960년 선거에서 1956년 부통령 선거를 앞두고 동생 도널드가 휴즈에게 20만 5천 달러를 대출받아 논란이 되었습니다. 당시 오브라이언 역시 휴즈에게 적지 않은 돈을 받았지만 공개되지 않았습니다. 닉슨은 이 사실에 분노했고 혹시나 다시 민주당전국위원회 위원장이 된 오브라이언이 이 문제를 들추어내지 않을까 걱정했습니다.

120   Elizabeth Drew, *Washington Journal: The Events of 1973-1974* (New York: Random House, 1974), p.12.

일 보 후퇴, 이 보 전진 전략이 효과적인 이유는 상호성의 법칙에 호소하기 때문입니다. … 또한 인식의 대조효과와 밀접한 관계가 있기 때문입니다. … 돈을 빌릴 때 10달러로 시작해 5달러로 후퇴하는 전략의 묘미는 상호성의 법칙과 대조효과의 영향력을 동시에 활용하는 데 있습니다. 이제 5달러를 빌려달라는 요구는 상호성의 법칙에 따라 당당하게도 당신에게 양보를 요구할 뿐만 아니라 요구 자체도 원래보다 훨씬 더 사소하게 느껴지게 만듭니다. 두 가지 힘이 결합하면 우리에게 엄청난 영향력을 발휘합니다. 그 증거가 바로 일 보 후퇴, 이 보 전진 전략에 내포되어 있는 잠재적 영향력입니다. 그 영향력이야말로 우리 시대의 최대 정치 미스터리인 민주당 워터게이트 전국위원회 사무실에 침입해 궁극적으로 닉슨 대통령을 사임하게 만든 백악관 참모들의 어리석은 의사결정의 전모를 유일하게 설명할 수 있습니다. 결정에 깊숙이 개입하고 있던 젭 마그루더는 워터게이트 사무실에 침입한 사람들이 체포되었다는 보고를 받자마자 즉각 '어찌해, 우리가 그토록 어리석었던가?'라고 한탄했습니다. 왜 그런 결정을 했을까요? 그 결정이 그토록 어리석었는지는 당시 상황을 보면 쉽게 이해할 수 있습니다.

원래는 대통령재선위원회의 정보수집 업무를 책임지고 있던 고든 리디의 아이디어였습니다. 그는 백악관의 고급 참모들 사이에서 약간 경박한 사람으로 인식되어, 그의 의사결정 능력에 의심을 갖는 사람이 많았습니다. 리디의 제안은 엄청 난 예산을 필요로 했습니다. 그는 추적이 불가능한 현금으로 25만 달러의 예산을 청구했습니다.

3월 하순경 대통령재선위원회 위원장 존 미첼과 그의 참모 마그루더, 그리고 닉슨 대통령의 행정 보좌관 프레드 라루 Fred Larue의 회의에서 리디의 제안이 승인되었을 때, 닉슨 대통령이 다가오는 11월 선거에서 재선에 성공할 가능성은 그 어느 때보다 높았습니다. 가장 강력한 경쟁자였던 민주당의 에드먼드 머스키Edmund Muskie는 예비선거에서 '죽을 쑤고' 있었고 또 한 명의 민주당 후보는 닉슨이 쉽게 물리칠 수 있으리라 예상한 조지 맥거번이 선출될 것이 분명하기 때문이었습니다. 누가 보더라도 닉슨의 재선은 거의 틀림없었습니다.

민주당전국위원회 사무실에 침입하는 계획은 매우 위험했으며 10명도 넘는 사람의 협조와 입막음이 필요했습니다. 백악관에 의해 불법침입과 도청을 당한 민주당전국위원회 위원장 오브라이언은 워터게이트 사무실에 현직 대통령의 재선운동에 위협이 될 만한 아무런 정보도 두지 않았고, 닉슨 행정부가 매우 어리석은 실책을 범하지 않는 한 그러한 정보를 수집할 가능성조차 없었습니다. 이와 같은 명백한 상황에도 불구하고 많은 경비를 필요로 하고, 의심스럽고, 무의

미하며, 만일 실패하면 엄청난 재앙의 가능성이 있는 제안이, 그것도 의사결정 능력을 의심받고 있던 사람에 의해 승인된 것입니다.

미첼이나 마그루더처럼 사리분별력이 뛰어난 사람들이 이토록 어리석은 제안을 승인했을까요? 해답은 세상에 그리 잘 알려지지 않은 사실인 리디의 '25만 달러짜리 제안이 최초의 제안이 아니었다는 점'에서 찾을 수 있습니다.

최종안이 승인되기 약 두 달 전 미첼, 마그루더, 그리고 닉슨의 백악관 법률고문 존 딘John Dean과 진행한 회의에서 제시한 최초의 제안은 100만 달러 규모의 다양한 프로그램으로서 워터게이트 사무실 도청을 비롯해 특수 장치를 내장한 정보추적 비행선, 강도로 위장한 침입, 유괴 및 습격단 조직, 민주당 정치인을 유혹하기 위한 여자들과의 요트파티 등을 포함하고 있었습니다. 제안은 당연히 말도 안 된다는 말과 함께 거부당했습니다. 일주일 후 그는 다양한 프로그램 중 많은 부분을 삭제해 50만 달러 규모로 축소한 제2안을 위원회에 제출했습니다. 두 번째 제안마저 거부당하자 그는 최소한의 프로그램이라며 미첼, 마그루더, 그리고 라루와의 회의에서 25만 달러의 제안을 제시했고, 비록 여전히 어리석었지만 마침내 위원회의 승인을 얻을 수 있었습니다.

워터게이트 청문회에서 마그루더가 한 증언은 리디355의 제안이 마침내 승인된 당시 회의 상황을 상세하게 묘사하고 있는데, 여기서 우리는 몇 가지 교훈을 얻을 수 있습니다. 먼저 마그루더의 말을 들어봅시다. "애당초 우리 중 어느 누구도 계획에 전적으로 찬성하지 않았습니다. 그러나 100만 달러에서 25만 달러 규모로 축소되자, 그 정도는 아마도 적절하지 않을까 하는 생각으로 점차 바뀌게 되었습니다. … 그를 빈손으로 보내기는 쉬운 일이 아니었습니다. 미첼도 리디에게 무언가는 주어야만 한다는 생각에 '좋아. 그에게 25만 달러를 주고 어떤 일을 해내는지 두고 보자'라는 마음에 제안을 승인했습니다." 리디의 엄청난 요구에 비추어보았을 때, 25만 달러라는 액수가 '그저 그런' 정도의 작은 존재로 인식되어 미첼 측에 양보의 도구로 사용됐던 것입니다.

2년이라는 세월이 흐른 뒤에야 마그루더는 리디의 작전이 일 보 후퇴, 이 보 전진 전략이었음을 깨닫고 다음과 같이 증언했습니다. "만일 그가 처음부터 '오브라이언의 사무실을 침입해 도청합시다'라고 제안했다면 우리는 즉시 제안을 묵살했을 것입니다. 그는 여자들, 유괴, 습격, 도청 등의 다양한 계획으로 시작했습니다. … 그는 그중의 반, 혹은 4분의 1만이라도 얻어내면 만족한다는 생각에서 온갖 종류의 책략을 총동원했습니다."

결국 상사의 결정에 승복하고 말았지만 회의에 참석한 사람들 중에서 유일하게 리디의 제안에 직접 반대한 사람이 라루라는 사실도 매우 의미심장합니다. 상식적으로 득보다 실이 많은 위험한 제안에 상사인 미첼과 마그루더가 왜 찬성했는지 그는 이해할 수 없었습니다. 리디의 계획에 대한 라루와 다른 두 사람의 평가 차이는 여러 측면에서 다양하게 분석할 수 있겠지만 한 가지 분명한 사실은 회의에 참석한 세 사람 중 오직 라루만이 리디와 가졌던 이전의 두 차례 회의에 참석하지 않았다는 점입니다. 두 사람과 달리 라루는 상호성의 법칙과 인식의 대조효과에 영향을 받지 않은 객관적인 상태에서 리디의 세 번째 제안을 평가했고, 그 결과 계획이 형편없다는 사실을 금방 알아차릴 수 있었는지도 모릅니다.[121]

대통령재선위원회는 어떤 방법을 동원해서라도 닉슨을 분노하게 만드는 원인을 제거해야 했고 그 방책으로 고든 리디의 제안을 받아들였습니다. 1972년 6월 17일 한밤중에 리디와 헌터가 중심이 된 배관공 팀은 워터게이트에 침입해 도청장치를 설치했습니다. 그러나 일을 마치고 나

121   로버트 치알디니, 황혜숙 옮김, 「설득의 심리학: 사람의 마음을 사로잡는 6가지 불변의 법칙」 (서울: 21세기북스, 2013), pp.85-89; 김형곤, 「미국의 역사를 훔친 영화의 인문학」 (서울: 홍문각, 2015), pp.247-250.

오면서 몇몇 도청장치가 제대로 작동하지 않는다는 사실을 알았습니다. 하는 수 없이 그들은 다시 워터게이트 건물에 불법침입해 도청장치를 설치했습니다. 그들은 건물을 빠져나오다가 이른 새벽 건물 순찰을 돌던 경비원에게 붙잡혔습니다. 닉슨 대통령의 몰락의 서막이 시작되었습니다.

워터게이트 건물에 불법침입하다

우리가 아는 워터게이트 사건은 배관공 팀이 첫 번째로 시도한 불법침입 사건이 아닙니다. 리디가 기획하고 미첼이 승인한 이른바 '준보석gemstone' 작전은 항상 초조하고 조급한 대통령 닉슨에게 '적에 대한 좋은 정보를 가져다주어 그들을 파괴하도록 돕는 것'이 주목적이었습니다. 준보석 작전은 전자도청장치 설치, 불법 사진촬영, 그리고 각종 서류 절도가 핵심이었습니다. 배관공 팀은 6월에 이

Left to right: James McCord, Jr., Virgilio Gonzalez, Frank Sturgis, Eugenio Martinez, and Bernard Baker

왼쪽부터 제임스 맥코드, 비르질리오 곤잘레스, 프랭크 스터지스, 유제니오 마르티네즈, 버나드 바커

루어진 두 번째 침입 전에 이미 워터게이트 건물에 입주한 민주당전국위원회 사무실에 불법침입하고자 했습니다. 리디, 헌터, 그리고 유제니오 마르티네즈 Eugenio Martinez를 비롯한 네 명의 쿠바인으로 구성된 배관공 팀은 5월 마지막 주 월요일인 현충일 새벽에 워터게이트 건물에 들어가고자 했습니다. [122] 그러나 자물쇠 장치가 견고해 들어갈 수 없었습니다. 마르티네즈는 플로리다로 돌아가 자물쇠를 풀 도구를 가지고 다시 건물에 침입했습니다.

---

[122] 다른 네 명은 프랭크 스터지스(Frank Sturgis), 비르질리오 곤잘레스(Virgilio Gonzalez), 버나드 바커(Bernard Barker), 제임스 맥코드(James McCord)입니다. 이들은 모두 워터게이트 재판으로 유죄판결을 받았습니다. 이 중 수사에 협조한 마르티네즈만 레이건 대통령에 의해 사면받았습니다.

6월 17일 새벽 2시가 안 된 시간, 첫 번째로 침입한 자들 모두 새로운 도구로 무장하고 워터게이트 건물에 들어갔습니다. 민주당전국위원회 사무실까지 순조롭게 침입해 두 대의 전화기 -그중 하나는 위원장 오브라이언의 전화기였습니다- 에 도청장치를 설치하고 여러 장의 서류를 사진으로 찍었습니다. 그런데 하필이면 오브라이언의 전화기에 설치한 장치가 작동하지 않았습니다. 미첼은 짜증을 내면서 도둑이 쓰레기만 가지고 왔다고 불평했지만 리디는 문제를 해결할 수 있다고 단언했습니다. 다시 네 명의 쿠바인과 전자장치 전문가로서 이전에 CIA에서 일했으며 대통령재선위원회에서 보안 문제를 다루는 일을 하고 있던 제임스 맥코드가 함께 사무실에 침입해 도청장치를 수리했습니다.

그때 야간 순찰을 돌던 경비원이 평소와 다른 워터게이트 출입문을 발견했습니다. 출입문이 잠기지 않도록 누군가 문에 발라둔 테이프를 발견한 경비원이 경찰을 불렀습니다. 곧바로 도착한 경찰은 민주당전국위원회 사무실에서 머뭇거리는 다섯 명의 도둑을 붙잡았습니다. 그런데 흔해빠진 좀도둑 같아 보이지 않았습니다. 그들은 양복에 넥타이를 매고 있었으며 수술용 장갑을 끼고 몇 대의 카메라, 전화 도청장치, 당구봉, 그리고 새로 발행한 빳빳한 100달러짜리 지폐 53장을 소지하고 있었습니다. 같은 곳을 세 번이나 침입한 배관공 팀은 처음에 비해 긴장이 풀려 주위를 기울이지 않았습니다. 흔히 있는 야간 경비원에게 발각된 그들은 최소한 한두 명의 경비원이 있다는 사실을 염두에 두었어야만 했습니다. 워터게이트 건물 건너편에 있는 하워드존슨호텔에서 대기하고 있던 리디와 헌터의 넋두리였습니다.[123]

수사관은 그들이 대통령재선위원회와 관련이 있다는 사실을 쉽게 알아보았습니다. 조사 과정에서 제임스 맥코드가 재선위원회 보안담당 책임자라는 사실이 밝혀졌습니다. 맥코드의 수첩에는 백악관에 사무실을 가지고 있는 하워드 헌터와 관련된 전화번호가 적혀 있었습니다. 수사관은 곧바로 헌터와 불법침입을 총괄 지휘한 리디를 체포했습니다. 이 사건은 대통령재선위원회와 직접적인 연관이 있었음에도 처음에 큰 주목을 받지 못했습니다.

닉슨은 플로리다 남쪽 바하마제도에 있는 친구 집에서 휴가를 보내던 중에 워터게이트 불법침입 사건에 대해 알게 되었습니다. 닉슨은 매우 어리석은 장난이라고 말했지만 후에 워터게이트 수사 과정에서 사건이 일어나기 전에 미리 알고 있었다는 사실이 드러났습니다. 불법침입이 발각되었다는 소식을 들은 닉슨은 강한 강박관념에 사로잡

---

123 Ochester, *Richard M. Nixon*, p.73.

혔습니다. 워터게이트뿐만 아니라 루이스 필딩의 사무실을 불법침입한 사건을 수사관이 몰라야만 했습니다. 닉슨은 사건이 일어난 지 얼마 지나지 않아 수사를 종결시키려고 했습니다.

닉슨은 왜 이 작은 사건을 은폐하려고 안달을 냈을까요? 다른 대통령들케네디와 존슨도 치열한 선거운동 기간에 상대 후보를 도청했습니다. 도청장치를 설치하는 행위 자체는 나쁘지 않다고 인식되었고, 비참한 파멸을 초래하지도 않았습니다. 그런데도 닉슨은 사건을 감추려고 안달했습니다. 닉슨은 수사를 제대로 받게 되면 불법침입과 관련된 휴스턴 플랜, 루이스 필딩 사무소 침입, 불법자금 등도 드러날 것이라고 생각했습니다. 배관공 팀이 체포된 후 대통령재선위원회는 관련 서류를 파기하기 시작했습니다. 위원회에서 미첼은 "불을 잘 피우세요"라고 명령했습니다. 닉슨의 언론담당 비서관 론 지글러Ron Ziegler는 "삼류 좀도둑질에 불과하다"며 워터게이트 사건을 무시했습니다. 6월 19일 닉슨은 워터게이트 사건에 관한 공식입장을 발표했습니다.

어쨌든 백악관 사람들은 관련이 없습니다. [124]

---

[124] Ochester, *Richard M. Nixon*, p.74.

그런데 같은 날, 당시만 하더라도 그리 유명하지 않은 지역신문에 불과했던 〈워싱턴포스트〉의 기자 밥 우드워드 Bob Woodward와 칼 번스테인 Karl Bernstein은 다음과 같은 헤드라인으로 사건의 근본에 접근하려 했습니다.

그들은 왜 민주당전국위원회 본부를 불법침입했을까요? [125]

두 기자의 용기 있는 기사는 백악관의 방해 공작으로 미지근해진 수사에 다시 활기를 불어넣었습니다. 더불어 연말에 있을 대통령선거가 큰 주목을 받지 못하는 상황에서 전국적인 관심을 받을 수 있도록 하는 힘으로 작용했습니다. 지역 수사관들은 워터게이트 사건을 연방통신법 위반 사건으로 규정하고 FBI에 수사권을 넘겨주었습니다. 연방 수사팀은 맥코드의 수첩에 적힌 백악관 전화번호와 헌터가 서명한 수표 등으로 이 사건이 백악관과 연계되어 있다는 사실을 확인했습니다.

---

125   *The Washington Post* (June 19, 1972).

녹음 테이프, 스모킹 건이 되다

6월 19일 워터게이트에 침입한 도둑과 백악관은 어떤 관련도 없다고 선언한 닉슨은 다음 날 급하게 백악관으로 돌아왔습니다. 그날 저녁 홀더먼은 헌터와 리디가 그 일을 주도했고, 대통령재선위원회에서 일을 하고 있으며 특히 헌터는 찰스 콜슨과 밀접한 관계라는 점을 보고했습니다. 더불어 헌터가 연락이 두절되었으며 모두 능력 있는 사람이므로 남은 일도 잘 처리할 것이라고 닉슨을 안심시켰습니다. 예감이 뛰어난 닉슨은 백악관에 녹음 시스템이 운영되고 있다는 사실을 아는 몇 안 되는 사람 중 한 명인 홀더먼에게 다음과 같이 말했습니다.

집무실에 설치한 녹음 시스템이 일을 복잡하게 만들 수 있습니다.[126]

이날의 대화를 녹취한 18분가량의 녹음 테이프는 후

---

[126]   Ibid, p.108.

문제의 녹음 시스템

에 녹음 시스템 문제가 격화되었을 때 닉슨에 의해 완전히 파기되었습니다. 다음 날 홀더먼은 닉슨에게 그들이 다른 불법침입 사건에도 관여했으며 특히 헌터가 많은 일을 처리했다고 말했습니다. 닉슨과 홀더먼은 FBI가 이 일에서 손을 떼도록 해야 한다는 미첼의 제안을 검토했습니다. 이른바 '은폐'가 시작되었습니다. 그 후 며칠간 닉슨은 홀더먼과 콜슨과 함께 문제를 어떻게 처리하면 좋을지 은밀한 대화를 나누었습니다.

6월 23일 그들이 대화를 나누는 동안 2년 후 닉슨 대통령을 파멸한 마지막 증거가 된 '스모킹 건' 테이프가 만들어지고 있었습니다. 닉슨과 홀더먼은 다른 불법침입 사건은 물론 동원된 자금과 자금의 출처 문제 등을 걱정하면서 며칠 전과 같이 국가안보 문제를 이유로 FBI가 이 일에서 손을 떼도록 해야 한다는 미첼의 제안을 심도 있게 논의했습니다. 닉슨은 미첼의 제안을 시행하라고 홀더먼에게 명령했습니다.

CIA 고위 간부를 시켜 FBI 국장대행 패트릭 그레이Patrick Gray에게 이 사건은 CIA의 민감한 안보 문제이므로 더는 끼어들지 말라고 명령하도록 합시다. [127]

닉슨은 처음부터 사건을 조사하지 못하도록 방해했지만 사건은 점점 더 복잡하게 얽혀들어가고 있었습니다.

---

[127] Ibid.

재선에서 압도적으로 승리하다

워터게이트 사건은 대중의 기억 속에서 점차 사라져가는 것처럼 보였습니다. 그해 여름 동안 전국민의 관심은 대통령선거에 집중되어 있었습니다. 민주당은 7월에 베트남전쟁을 극도로 반대한 자유주의자 조지 맥거번을 대통령 후보로 지명했습니다. 닉슨은 맥거번이 자유주의 성향이 지나쳐 자신을 결코 이길 수 없다고 확신했습니다. 공화당은 현직 대통령 닉슨과 부통령 애그뉴를 후보로 내세웠습니다. 선거 유세를 하는 동안 닉슨은 새로운 미국혁명을 말하면서 비대해진 연방정부를 축소하기를 원한다고 말했습니다. 또한 소련을 비롯한 다른 공산주의 국가들과 냉전이 아닌 긴장 완화 관계를 유지하겠다고 말했습니다. 전국의 유권자들은 "닉슨! 그 어느 때보다 더 많이!"를 외치며 환호했습니다. [128] 1972년 유권자들은 어

. **128** 닉슨은 1952년, 1956년, 1960년, 1968년, 1972년에 걸쳐 주요 정당에서 총 다섯 번이나 전국 규모 후보가 되었습니다. 민주당의 프랭클린 루스벨트가 1920년, 1932년, 1936년, 1940년, 1944년에 걸쳐 전국 규모 후보가 된 것과 마찬가지입니다.

떤 선거 때보다 닉슨에게 더 많은 표를 몰아주겠다고 외쳤습니다.

11월 선거가 있던 밤에 닉슨은 백악관에서 가장 좋아하는 장소인 링컨 시팅룸Lincoln sitting room에서 시간을 보냈습니다. 닉슨도 링컨처럼 국민에게 사랑과 칭송을 받는 대통령이 되기를 간절히 원했습니다. 영화 〈닉슨〉에는 닉슨이 링컨 기념관을 방문해 상념에 잠기는 장면이 나옵니다. 닉슨도 링컨처럼 가난을 이기고 대통령이 되었지만 링컨만큼 국가와 국민을 위해 노력하지는 않았습니다. 닉슨은 링컨처럼 사랑받는 대통령이 되기를 원했지만 국민은 닉슨에게서 링컨이 보여준 위대한 진정성, 정당성, 겸손, 책임, 통합, 관용 등을 찾아볼 수 없었습니다. 닉슨은 거짓과 위선, 자신을 앞세우는 독선, 책임 전가, 편 가르기, 반대하는 자를 처단하는 분노, 불안과 강박 등의 본모습을 과연 국민이 알지 못한다고 생각했을까요? 국민이 자신의 본모습을 모르기를 원했을지도 모를 일입니다. 아무튼 닉슨은 자신의 본모습을 감추기 위해 일생을 투쟁했습니다.

선거 결과는 닉슨의 압도적인 승리였습니다. 일반투표에서 무려 60.7퍼센트를 얻었고 선거인단 투표에서 매사추세츠주를 제외한 모든 주에서 승리했습니다. 닉슨은 공화당에서 유일하게 남부 전역에서 승리한 최초의 대통령이 되었지만 승리에 기뻐하기보다는 우울감에 빠졌습니다.

베트남 평화회담이 계속 지연되자 국민에게 약속한 전쟁 종결이라는 업적이 흔들릴까봐 걱정되었습니다. 두 번째로 대통령에 취임한 닉슨은 결국 전쟁종결을 선언했습니다. 닉슨을 불안에 떨게 만든 진짜 원인은 불씨가 완전히 꺼지지 않고 계속해서 연기를 내고 있는 워터게이트 사건이었습니다.

작은 불씨가 큰 화마가 되다

워터게이트 사건에 대한 대중의 관심이 완전히 소멸되지 않고 다시 살아나기 시작했습니다. 1972년 더운 여름을 선거가 더욱 뜨겁게 만들었지만 우드워드와 번스테인은 대통령 재선 선거운동을 위해 발행한 2만 5천 달러의 수표가 워터게이트 도둑인 헌터의 은행계좌에서 최종 발각되었다고 보도했습니다.

백악관의 노력에도 불구하고 FBI의 압수수색이 임박한

가운데 백악관 관계자들은 헌터의 사무실에 있는 증거물을 폐기했습니다. 채퍼퀴딕 사건[129]에 관한 보고서를 비롯한 자료를 닉슨과 가장 가까운 측근인 에를리크만이 확보했습니다. 국내 문제 보좌관인 에를리크만은 백악관 법률고문이자 재선위원회 부위원장인 존 딘에게 자료를 FBI 국장대행 그레이에게 넘겨주는 대신 완전히 폐기하라고 명령했습니다. 이처럼 나라의 모든 권력과 힘을 가진 대통령을 보좌하는 사람들이 하는 일이 깡패가 하는 일과 조금도 다르지 않았습니다. 물론 대통령의 지시나 암시가 있었을 테지만 이미 살펴보았듯이 닉슨은 단순한 암시만이 아니라 백 번 이상의 명령을 한 것으로 보입니다.

자료는 폐기했지만 FBI가 헌터의 사무실에서 콜트식 자동권총 한 자루, 안테나 네 개, 잭와이어 여섯 개, 이동식 송신기 한 개, 엘스버그 관련 서류와 펜타곤 페이퍼가 들어 있는 박스 여러 개, 백악관에서 근무한 기록, 보도자료 등을 증거물로 압수했습니다.[130] 이 중 문제가 된 것

---

129 1969년 7월 18일 에드워드 케네디 상원의원이 민주당의 유력한 대선후보이자 자신의 형인 로버트 케네디의 선거운동원 매리 코페치네(Mary Kopechne)와 함께 자동차를 타고 가다가 채퍼퀴딕에서 사고가 나는 바람에 에드워드는 살아났지만 코페치네는 물에 빠져 죽은 사건을 말합니다. 이 사건은 향후 에드워드를 대통령선거에 나서지 못하게 하는 결정적인 역할을 했습니다.

130 Drew, *Richard M. Nixon*, p.109.

은 엘스버그 관련 서류와 시간대별로 정리한 백악관 근무 기록이었습니다. 이는 쥐도 새도 모를 뻔했던 루이스 필딩 사무실 불법침입 사건이 백일하에 드러나는 계기가 되었습니다. 얼마 후 〈워싱턴포스트〉는 법무장관을 지낸 미첼이 대통령을 비판하고 반대하는 세력을 다루는 정보팀을 운영하는 데 소용된 비자금을 관리했다고 보도했습니다.[131] 증거물을 폐기했다는 사실과 비자금 문제가 드러나면서 무게추는 불법침입이 아닌 은폐로 옮겨갔습니다.

1972년 백악관의 방해 공작에도 불구하고 9월 19일 연방검찰이 리디, 헌터, 그리고 맥코드를 비롯한 네 명의 침입자를 대배심원에 회부했습니다. 다음 해 1월 그들에게 유죄판결이 내려졌습니다. 1973년 3월 23일 콜롬비아 특별구 연방지방법원 판사 존 시리카John Sirica는 불법침입을 주도한 리디와 헌터에게 무려 40년이라는 감옥형을 판결할 수 있다는 말을 흘렸습니다. 이들에게 사건의 진정성을 듣기 위한 조치였습니다. 시리카의 의도에 걸려든 맥코드는 시리카에게 다음과 같은 편지를 보냈습니다.

가족은 제가 이 문제를 정부 대표에게 공개하면 생명을 잃을지도 모른다는 두려움을 표현했습니다. 저는 같은 상황

---

131 Ibid.

을 우려하지는 않지만 저와 제 가족은 물론 친구들에게 보복 조치가 취해질 것이라고 믿습니다. 보복은 제가 아무리 죄책감을 느낀다 해도 무고한 사람의 경력과 수입과 평판을 파괴할 수 있다고 생각합니다. 저는 워터게이트 사건으로 심각하게 훼손된 정의와 형사사법제도에 대한 신뢰 회복을 위해 말씀드립니다. 이 경우 정의를 실현하는 데 도움이 되리라 확신합니다.

피고인에게 유죄를 인정하고 침묵하라는 정치적 압력이 가해졌습니다. 위증은 사건의 구조, 방향 및 영향, 피고인의 동기와 의도에 매우 중요한 문제이며 재판 중에도 발생했습니다. 워터게이트 작전에 연루된 사람들은 재판에서 신원이 확인되지 않았으나 증언자에 의해 확인되었습니다. 워터게이트 작전은 CIA 작전이 아니었습니다. 쿠바인이 이 사건을 CIA 작전이라고 믿도록 오도되었을 수도 있습니다. 저는 진실을 알고 있습니다. [132]

위기를 느낀 닉슨은 자신과 사건의 관계를 털어버리려고 안간힘을 썼습니다. 닉슨은 후에 당시를 기억하면서 다음과 같이 말했습니다.

---

[132] James McCord's Letter To Judge John Sirica (March 19, 1973).

베트남전쟁이 후속 전쟁을 찾았다는 느낌을 받았습니다.[133]

이 말은 닉슨이 공들인 베트남전쟁은 끝이 났지만 다시 공을 들여 투쟁해야만 하는 일이 벌어졌음을 의미했습니다. 백악관 법률고문 존 딘은 닉슨에게 이렇게 말했습니다.

내부에 암 덩이가 있습니다. 그는 대통령과 가깝게 지내면서 매일 성장하고 있습니다. 이제 은폐는 실패했습니다. 불법침입에 가담한 사람들이 공갈협박으로 돈을 요구하고 있습니다. 약 2년 동안 그들의 입을 막는 비용으로 수백만 달러가 필요합니다.[134]

그러자 닉슨은 다음과 같이 대답했습니다.

아무래도 돈은 현금으로 준비해야겠지요? 저는 돈을 어디서 가져와야 할지 알고 있습니다. 물론 아주 쉽게 할 수 있어요.[135]

---

133 Stanley Kutler, *The Wars of Watergate: The Last Crisis of Ricjard Nixon* (New York: W. W. Norton, 1992), p.268.

134 Drew, *Richard M. Nixon*, p.110.

135 Ibid. 닉슨이 존 딘에게 돈 문제와 관련해 이렇게 말한 이유가 있습니다.

대통령이 된 닉슨은 돈과 권력만 있으면 무엇이든 할수 있다고 확신했습니다. 돈과 권력을 정당하게 쓸 때 많은 일을 할 수 있다는 사실을 닉슨은 이해하지 못했습니다. 어쩌면 돈과 권력이 자신의 것이 아니라 그토록 증오하면서도 한편으로 부러워했던 동부세력, 아이비리그 출신, 언론, 부자, 자신을 반대하는 사람의 것이라고 생각했을지도 모릅니다. 닉슨은 돈과 권력을 정당하게 쓰기보다은밀한 힘을 발휘하는 데 사용하기를 좋아했습니다. 그럼에도 공적으로는 돈과 권력을 정당하게 사용하는 대통령으로 보여야 했기 때문에 다른 사람의 눈에는 위선과 거짓으로 보일 수밖에 없었습니다.

닉슨은 1968년 선거는 물론 1972년 재선 때도 개인과 여러 기업에 막대한 액수의 불법자금을 수수했습니다. 대통령에 당선되고 나서는 참모장 홀더먼에게 "대사가 되기를 원하는 사람이 있으면 최소 25만 달러를 받고 그렇게 해주세요"라고 말했습니다. 또한 닉슨과 그의 측근은 여러 기업에 갈취 시스템을 적용해 돈을 받아냈습니다. 정부가 우유를 수입할 예정이기 때문에 생산량을 줄여야 한다는 발표에 우유생산자조합(Associated Milk Producers)은 200만 달러를 기부했습니다. 후에 닉슨에게 불법자금을 제공해 재판을 받은 기업은 미국항공(American Airlines), 굿이어 타이어앤러버(Goodyear Tire & Rubber Company), 미네소타 광산제조회사(Monnesota Mining & Manufacturing Company) 등이 있습니다. 상원 워터게이트 청문회 때 닉슨의 변호사로 일한 헐버트 칼름바흐(Herbert Kalmbach)가 무려 21만 달러를 모집해 워터게이트 사건을 처리하는 데 사용했다고 폭로했습니다. 또한 사업가 하워드 휴즈는 플로리다에 있는 닉슨의 친구 베베 레베조에게 10만 달러를 주었는데 그중 일부가 팻의 다이아몬드 귀걸이와 목걸이를 구입하는 데 쓰였습니다. 레베조는 엄청난 불법자금을 끌어들여 닉슨이 플로리다와 캘리포니아에 부동산을 구입하도록 도움을 주었습니다.

조기에 사건을 마무리하고자 노력했지만 2월 초 상원 워터게이트위원회가 구성되면서 닉슨의 거짓이 하나씩 드러나기 시작했습니다. 조사를 시작한 상원위원회는 사건이 알려진 것보다 훨씬 크고 복잡하다는 사실을 간파했습니다. 워터게이트 사건은 침입을 무마하기 위한 은폐 작업, 침묵 강요, 뇌물 제공, 위협 등이 난무했습니다.

특별검사의 칼날이 닉슨을 향하다

조사의 화살은 이제 불법침입한 당사자가 아닌 닉슨의 측근을 향했습니다. 초조해진 닉슨은 그동안 온갖 불법을 함께 저지른 측근을 해고해 일명 '꼬리 자르기'로 위기를 모면하고자 했습니다. 4월 30일 닉슨은 국내 담당 보좌관 에를리크만과 참모장 홀더먼의 사임을 발표했습니다. 닉슨은 한때 이들이야말로 내가 아는 최고의 공무원이라고 말했지만 사건이 터지자 어떤 배려도 해주지 않았습니다. 법률고문 존 딘과 법무장관 미첼을 대신한 리처드 클라인딘스트Richard Kleindienst도 해고당했습니다. 또 다른 핵심 인물인 찰스 콜슨은 상원위원회가 꾸려지기 전에 사임했습니다. 법무장관직을 떠난 미첼은 5월 초 닉슨의 불법자금을 조성했다는 이유로 기소되었습니다. 백악관에서 몹시도 떠나기 싫어했지만 결국 해고된 존 딘은 대통령에 대한 서운함에 자신은 잘못이 없으며 수사에 협조하겠다고 밝혔습니다.

닉슨은 홀더먼과 에를리크만의 사임을 발표하면서 새로운 법무장관에 엘리엇 리처드슨Elliot Richardson을 임명했습니다. 리처드슨은 닉슨 행정부에서 보건·교육·복지부 장관과 국방장관을 지낸 인물로 닉슨이 증오한 동부 보스턴 엘리트 출신이었습니다. 청렴하다는 평판이 자자한 리처드슨을 요직에 앉혀 이미지를 개선해보려 했지만 기대와 달리 상하 양원은 행정부와 독립된 특별검사를 임명해 워터게이트 사건을 담당하도록 결의안을 통과시켰습니다. 의회의 결의안에 닉슨은 몹시도 불쾌했지만 어쩔 수 없었습니다.

상원법사위원회는 특별검사에 외부 변호인을 임명한다는 조건으로 리처드슨을 법무장관으로 임명하는 데 동의했습니다. 많은 변호인이 특별검사를 사양하자 5월 14일

리처드슨은 하버드 로스쿨 교수인 아치볼드 콕스Archibald Cox를 임명했습니다. 콕스는 케네디 행정부 법무차관을 지낸 사람이자 청렴결백한 인물로 평판이 나 있었습니다. 특별검사가 된 콕스는 능력 있고 경험 많은 검사와 수사관을 팀으로 구성하고 워싱턴 시내에 본부를 차렸습니다. 그때까지 미국 역사상 행정부와 독립된 연방 차원의 범죄 수사가 이루어진 경우는 없었습니다. 콕스는 워터게이트 사건을 배관공 팀의 역할, 은폐 작업, 엘스버그 관련 불법 침입 사건, 불법자금 수수, 행정부와 ITT의 거래, 그리고 대통령재선위원회에서 정치공작원으로 활동한 도널드 세그레티Donald Segretti의 활동 [136] 등으로 나누어 수사하라고 지시했습니다.

콕스의 수사는 차원이 달랐습니다. 콕스의 수사에 궁지에 몰린 닉슨은 '공산주의 사냥'이라는 익숙한 방법을 끄집어냈습니다. 그는 백악관에 콕스 특별검사는 좌익 계열의 민주당 열성분자로 구성되었다고 퍼뜨리도록 지시했습니다. [137]

---

[136] 세그레티는 1972년 민주당 대선 후보로 있던 에드먼드 머스키의 편지를 위조해 있지도 않은 성추행을 들추어 민주당 선거를 방해했습니다. 세그레티는 유죄판결을 받고 4개월간 복역했습니다.

[137] Drew, *Richard M. Nixon*, p.112.

아치볼트 콕스

청문회가 일파만파로 번지다

    한편 상원 워터게이트위원회의 청문회가 닉슨을 궁지로 몰았습니다. 상원위원회는 노스캐롤라이나 상원의원이자 위원장인 샘 어빈Sam Ervin과 민주당 상원의원 세 명, 공화당 상원의원 세 명으로 구성되었습니다. 어빈은 소탈한 인물이었지만 일에 관해서는 아주 냉철하고 깔끔한 인물로 정평이 나 있었습니다. 공화당 출신의 하워드 베이커

Howard Baker는 닉슨과 가깝게 지낸 충성스러운 공화당원이었지만 위원회의 본질을 훼손하는 인물이 아니었습니다. 홀더먼에 의하면 닉슨은 일찍이 청문회에 대응하기 위한 대책을 세워놓았습니다. 2월 9일 닉슨은 홀더먼에게 이렇게 말했습니다.

> 어빈이 이끄는 청문회는 힘든 게임이 되리라 생각합니다. … 외국세력과 공산주의자의 돈이 전쟁을 반대하는 데모꾼에게 흘러들어갔다는 말과 함께 맥거번과 에드워드 케네디가 데모꾼과 연관이 있다는 말을 퍼뜨리십시오.[138]

막바지에 몰린 닉슨이 떠올린 구시대적 대책이었습니다. 상원청문회는 5월 17일부터 2주간 전국에 텔레비전으로 방송되었습니다. 청문회는 온 국민을, 아니 전 세계를 놀라게 했습니다. 백악관에서 일하는 사람들이 깡패, 악당, 괴짜가 모인 집합이라는 사실에 놀라움을 금치 못했습니다. 특별검사 콕스 팀이 사건을 세세하게 조사했지만 상원청문회는 조사 결과를 전 국민에게 알렸다는 점에서 중요했습니다.

138　Haldeman, *The Haldeman Diaries*, p.525.

청문회에서 블랙코미디 같은 일도 일어났습니다. 닉슨의 개인 변호사 헐버트 칼름바흐는 택배업자 앤서니 울라세위츠Anthony Ulasewicz에게 워터게이트 침입자에게 전달할 입막음용 돈을 배달하도록 시켰다고 증언했습니다. 울라세위츠는 현금으로 가득한 봉투를 전화박스처럼 구석진 장소에 놓고 오는 일에 자부심을 느꼈다고 증언했습니다. 위원회에서 닉슨을 옹호한 하워드 베이커는 기가 막혀 이렇게 말했습니다.

도대체 누가 당신을 생각했습니까? [139]

청문회의 가장 큰 변곡점은 닉슨의 법률고문이었던 존 딘의 증언에서 나왔습니다. 6월 25일 청문회에 나온 딘은 불법침입과 은폐 과정이 대통령과 연루된 사실을 적나라하게 증언했습니다. 딘은 대통령에게 주위에 암 덩이가 자라고 있으므로 몹시 위험하다고 말한 적이 있으며 도둑들에게 입막음용 돈을 어떻게 전달할지 대통령과 상의했다고 증언했습니다. 다시 하워드 베이커가 말했습니다.

---

139   Senate Select Committee on Presidential Campaign Activities.

대통령은 무엇을 알고 있고, 또 알게 된 날은 언제입니까?[140]

청문회 열기가 뜨거웠지만 닉슨은 대통령으로서 해야할 일을 처리했습니다. 5월 24일 닉슨은 베트남에서 돌아온 전쟁포로 600여 명을 백악관에 초대해 거대한 파티를 열었습니다. 3주 후에는 소련 서기장 브레즈네프가 워싱턴을 방문했습니다. 백악관 공식 만찬회에서 닉슨과 브레즈네프는 역사적인 핵전쟁 방지조약에 서명했습니다. 조약의 핵심은 핵무기를 가진 나라가 핵을 사용하기 전에 미리 상대 국가와 대화해야 한다는 내용이었습니다. 성과를 거두었지만 닉슨은 즐겁지 않았습니다. 워터게이트의 화살이 자신을 향해 빠르게 날아오고 있음을 알았기 때문이었습니다.

딘은 청문회에서 대통령이 사건을 주도했다고 증언했습니다. 그러나 증언을 입증할 만한 증거가 부족했습니다. 이때까지만 해도 에를리크만과 홀더먼이 워터게이트 사건과 대통령 닉슨의 관계를 부인했습니다. 7월 13일 민주당 출신의 조지아 상원의원 허먼 탈매지 Herman Talmadge는 엘스버그의 정신과 의사 사무실에 침입한 사건에 대해 증

---

140 Ibid.

언하는 에를리크만에게 영국 속담을 말해주었습니다.

아무리 비천한 사람의 오두막집이라도 그의 허락 없이는 왕도 들어갈 수 없습니다.[141]

그런데 갑자기 변화가 일어났습니다. 7월 16일 청문회에서 닉슨의 보좌관 알렉산더 버터필드 Alexander Butterfield 가 백악관에 녹음 시스템이 있다고 증언했습니다. 녹음 테이프는 지금까지 조사한 내용의 진실을 입증하는 역할을 해줄 것입니다. 녹음 테이프가 논란이 되자 닉슨과 변호사를 함께 지냈고 대통령 특별 자문역할을 맡은 레너드 가먼트 Leonard Garment 가 테이프를 모두 파기하라고 충고했습니다. 그러나 닉슨은 파기를 망설였습니다. 닉슨은 왜 테이프를 파기하지 않았을까요?

어떤 이는 닉슨이 대통령직을 마치고 녹음 테이프를 바탕으로 글을 쓰려고 했다고 말하지만 이는 닉슨을 너무 낭만적으로 바라본 평가입니다. 닉슨은 어디까지나 테이프는 자신의 소유이므로 제출하지 않을 수 있다고 판단했습니다. 상원위원회는 닉슨에게 워터게이트와 관련된 모든 테이프와 서류를 제출하라고 요구했습니다. 닉슨

---

[141] Ibid.

은 자신에게 보좌관과 비밀 대화를 나눌 수 있는 행정특권이 있다고 주장하면서 제출을 거부했습니다. 또한 백악관 테이프에는 사적이고 솔직한 표현이 많기 때문에 제출할 수 없다고 주장했습니다. 테이프 내용이 유출되면 정부는 물론 국가에 손해를 입힐 수 있다고도 했습니다.

닉슨이 완강하게 거부하자 이번에는 특별검사 콕스가 나섰습니다. 콕스는 법을 내세워 7년 동안 녹취한 모든 테이프를 제출하라고 요구했습니다. 초조해진 닉슨은 새로 임명된 참모장 알렉산더 헤이그Alexander Haig와 법무장관 리처드슨에게 콕스가 더는 수사를 하지 못하게 해달라고 지시했습니다. 리처드슨은 마지못해 콕스는 테이프를 확보할 자격이 없다고 말했습니다. 그럼에도 콕스는 거듭 제출을 요구했습니다. 닉슨이 상원위원회와 특별검사의 요구를 거절하자 연방 지방법원 판사 시리카가 나서서 연방법원에 테이프를 제출하라고 명령했습니다. 닉슨이 이마저 거부하자 10월 12일 연방법원은 닉슨의 제출 거부를 무효화했습니다. 닉슨은 결국 유용한 내용만 정리한 요약본을 연방법원과 상원위원회에 제출하겠다는 타협안을 제안했습니다.

샘 어빈 위원회는 닉슨의 제안을 받아들였지만 콕스는 완강히 거절했습니다. 10월 15일 리처드슨은 콕스에게

19일까지 상원위원회처럼 대통령의 타협안을 받아들이고 더는 테이프와 서류를 요구하지 않겠다고 약속하라고 명령했습니다. 만약 그렇지 않을 경우 중대한 문제를 일으킬 수 있다고 경고했지만 콕스는 또다시 거부했습니다.

10월 20일 아침 콕스는 기자회견을 자처해 국민 앞에 섰습니다. 깔끔하고 경직된 평소 모습과 달리 촌스럽고 수수한 옷을 입고 주머니에 손을 집어넣은 모습이었습니다. 느린 걸음으로 기자회견장에 나타난 콕스는 핵심을 찌르는 말을 했습니다.

문제는 우리가 사람의 정부가 아닌 법의 정부로 남을지 결정하는 일입니다. 저는 사퇴하지 않을 것이며 저를 해고할 수 있는 사람은 오직 법무장관뿐입니다. [142]

긴장과 억척이 팽배했습니다. 콕스의 기자회견에 불쾌해진 닉슨은 리처드슨에게 콕스를 해고하라고 명령했습니다. 하지만 리처드슨은 닉슨의 말을 거부하고 스스로 사임했습니다. 화가 난 닉슨은 법무장관 대리인 윌리엄 럭겔스하우스William Ruckelshaus에게 콕스를 해고하라고 명

---

142 Archibald Cox, I'm certainly not out to get the President of the United States, Press conference, Pre-saturday Night Massacre (20 October, 1973).

령했으나 그 역시 거부하자 럭겔스하우스를 해고해버렸습니다. 마지막으로 법무부에서 서열 3위격인 법무차관 로버트 보크Robert Bork에게 같은 일을 지시했고 보크는 곧바로 콕스를 해임했습니다. [143] FBI의 새 국장이 된 클라렌스 켈리Clarence Kelley는 콕스, 리처드슨, 럭겔스하우스의 사무실을 봉쇄하겠다고 발표했습니다. [144]

'토요일 밤의 학살'로 알려진 이 사건은 전국에 거대한 분노와 항의를 불러일으켰습니다. 수만 명의 사람이 전화와 전보로 워싱턴에 있는 지역구 의원에게 닉슨의 행동을 비난하고 대통령에게 맞서라고 요구했습니다. 시민들은 대통령이 개인을 해고해서 법을 위반한 것이 아니라 명확한 잘못도 없는 특별검사는 물론 정부 고위직에 있는 사람들을 자위로 해고해 스스로 법을 위반하는 죄를 만들었다고 주장했습니다.

갤럽 여론조사에서 닉슨 대통령의 지지도는 17퍼센트로 급락했습니다. 시민들이 닉슨의 탄핵을 말하기 시작했습니다. 11월 26일 닉슨은 결국 조잡하게 편집한 녹음 테이프 일곱 개를 연방검사 시리카에게 제출했습니다. 더는

---

143 1987년 보크는 이 일로 레이건 대통령에게 대법원 판사로 지명되었지만 연방상원은 인준을 거부했습니다.

144 Drew, *Richard M. Nixon*, p.121.

제출할 수 없다고 못을 박았지만 수사관은 일곱 개의 테이프만으로도 닉슨이 워터게이트 사건의 은폐 작업에 개입한 증거가 확실하다고 판단했습니다.

닉슨 대통령, 악당이 되다

조사가 이루어지는 동안 또 다른 파장이 일어났습니다. 10월 초 부통령 애그뉴가 메릴랜드 주지사로 있을 때 받은 뇌물과 세금 포탈 혐의로 고발되었습니다. 애그뉴는 사임을 거부했지만 닉슨은 몇 사람의 후보군 중에서 연방 하원의원 제럴드 포드를 부통령으로 지명했고 의회는 이를 승인했습니다.

워터게이트 사건이 펄펄 끓을 때 사건과는 아무런 관련이 없는 부통령이 갑자기 고발을 당해 사임하자 국민은 정황을 있는 그대로 받아들일 수 없었습니다. 국민은 대통령을 탄핵해야 한다는 이야기가 오가자 닉슨이 '만약

플로리다 연설

의 상황'을 준비했다고 판단했습니다. 닉슨이 사임하고
한 달이 지나 취임한 대통령 포드가 닉슨을 사면하자 국
민은 의심이 사실이었음을 확인했습니다.

닉슨에 대한 부정적 여론이 들끓는 가운데 닉슨의 재
정 문제가 도마에 올랐습니다. 닉슨은 개인 소득세를 내
지 않았으며 선거비용을 캘리포니아 샌클레멘테에 있는
저택을 구입하는 데 사용했다는 혐의로 고발당했습니다.
11월 17일 플로리다에서 몹시도 싫어했지만 어쩔 수 없이
개최한 기자회견에서 기자가 워터게이트 사건, 불법자금
문제, 은폐 문제, 세금 포탈 문제 등 가시 같은 질문을 쏟
아냈습니다. 닉슨은 이마에 땀을 흘리면서 몸을 기울이고

다음과 같이 말했습니다.

국민은 대통령이 악당인지 아닌지 알고 싶어 하는 것 같습니다. 저는 모든 질문을 환영합니다. 거듭 말하지만 저는 악당이 아닙니다. [145]

얼마 후 닉슨은 체납한 50만 달러의 세금을 국세청에 납부했습니다. 그나마 남아 있던 긍정적 여론도 급속히 식어갔습니다.

탄핵안을 제출하다

하원법사위원회는 여론에 힘입어 닉슨에게 수백 개에 달하는 테이프를 모두 제출하라는 소환장을 보냈습니다.

---

[145] Richard Nixon, I am not a Crook: How a Phrase Got a Life of Its Own.

닉슨은 거부를 거듭하며 하원법사위원회를 "낚시꾼"이라고 불렀습니다. 시카고, 휴스턴, 내슈빌 등을 여행하면서 다양한 지역행사에 참석해 동정 여론을 구걸했지만 상황은 점점 더 악화되었습니다. 지방법원 판사 시리카는 닉슨의 거부에도 다시 한번 테이프 제출을 명령했습니다.

궁지에 몰린 닉슨은 국가안보 문제와 밀접하게 연관된 부분을 삭제한 편집본을 제출했습니다. 1974년 4월 29일 닉슨은 백악관 집무실에서 전국에 방송되는 텔레비전 프로그램을 촬영해 테이프의 인쇄본을 보여주었습니다. 닉슨의 비서는 원본에서 욕설 몇 개만 삭제했을 뿐이라고 말했지만 과연 그랬을까요? 하원법사위원회는 인쇄본을 거부하고 원본 테이프를 제출하라고 요구했습니다. 인쇄본이 순식간에 퍼지면서 설상가상으로 수많은 사람이 대통령 닉슨이 얼마나 험악하고 비열한지 알게 되었습니다. 당시 〈시카고 트리뷴Chicago Tribune〉에는 이렇게 기록되어 있습니다.

공인公人이 아닌 사인私人을 보고는 놀랄 수밖에 없었습니다. 거의 모든 페이지에서 상스러운 욕과 비속어를 노골적으로 삭제expletive deleted해 분노를 자아냈습니다. [146]

. **146**   *Chicago Tribune* (April 30, 1974).

그러나 닉슨이 삭제한 부분은 비속어가 아니었습니다. 불법침입 공모, 사건 은폐, 입막음용 자금, 수사 방해, CIA와 IRS의 이용, 꼬리 자르기 등에 관한 차마 공개할 수 없는 내용이었습니다. 닉슨과 비서들이 삭제하기는 했지만 이토록 많은 내용을 완전히 삭제할 수는 없었습니다. 인쇄본에는 닉슨이 법률고문 딘에게 다음과 같이 말하는 내용이 들어 있었습니다.

> 딘, 당신은 요령을 써서 여기저기 새어나오는 누수를 손가락으로 잘 막았습니다. [147]

5월 9일 하원법사위원회는 대통령 닉슨에게 탄핵을 권고할지 결정하는 청문회를 열었습니다. 민주당 출신의 피터 로디노가 위원장으로 있는 하원법사위원회는 민주당 21명, 공화당 17명으로 구성되었습니다. 미국 역사상 의회가 대통령 탄핵 절차를 진행한 경우는 10여 년 전 앤드류 존슨 대통령 다음으로 두 번째였습니다.

워터게이트 사건이 정점으로 치닫는 동안 닉슨은 마지막으로 자신이 가장 잘할 수 있는 외교활동을 전개했습니다. 당시 전운이 돌던 중동에 방문해 '평화를 위한 여

. **147** Drew, *Richard M. Nixon*, p.125.

행'을 자처하면서 국내 사정으로 꺾였던 닉슨의 사기가 상당히 고양되었습니다. 이 외에도 닉슨은 여러 나라를 방문해 대대적인 환영과 존경을 받았습니다. 이집트에서는 무려 100만 명 이상의 군중에게 환호를 받았습니다. 그러나 닉슨은 기뻐할 수 없었습니다. 100만 명보다 훨씬 더 많은 사람의 비난 속에 떠나야 하는 자신의 운명을 알고 있었기 때문입니다.

그동안 하원법사위원회는 탄핵 권고 청문회를 계속 진행했습니다. 위원들은 대부분 지금까지 드러난 증거만 하더라도 대통령 닉슨의 죄는 탄핵요건을 충족하고도 남는다고 인정했습니다. 그럼에도 대통령직에 대한 토테미즘 때문에 보수주의자는 물론 자유주의자까지 탄핵을 망설였습니다. 모든 청문 절차를 텔레비전으로 공개하자는 논의 끝에 하원법사위원회는 청문회를 이어갔습니다.

1974년 7월 24일 연방대법원이 만장일치로 테이프를 모두 제출하라는 소환장을 보냈습니다. 대법원은 닉슨이 주장하는 행정특권은 범죄 행위의 경우 적용되지 않는다고 명시했습니다.[148] 닉슨은 결국 더 버티지 못하고 모든 테이프를 넘겨주었습니다. 2년 전 국민에게 했던 거짓말이 들통날 수 있다는 사실을 알면서도 테이프를 넘겨주어

---

[148] Ochester, *Richard M. Nixon*, p.82.

야 했습니다.

닉슨이 제출한 테이프를 공개하기 전에 하원법사위원회는 탄핵 권고를 위한 세 가지 조항을 두고 투표를 진행했습니다. '사법권의 방해'는 28 대 10으로, '권력 남용'은 28 대 10으로, '의회 소환에 불응한 행위'는 21 대 17로 통과되었습니다.[149] 투표 결과로 보아 공화당 의원은 닉슨과 당파를 지지하는 성향이 강했습니다. 그럼에도 닉슨이 사법권을 방해하고 권력을 남용했다는 점에서는 일곱 표가 당파를 초월했습니다.

탄핵 권고를 위한 세 가지 조항은 형사사건 재판에서 기소장과 같은 역할을 했습니다. 하원이 조항을 인정한다면 하원의장은 대통령 재판에서 검사 역할을 하고 상원은 배심원 역할을 하게 됩니다. 만약 상원이 각 조항의 3분의 2 이상 유죄판결을 내릴 경우 대통령은 기소되고 공직에서 추방됩니다. 이제 닉슨은 하원에 의해 기소되었고 상원으로 절차를 넘겨야 하는 입장에 처했습니다.

게임이 거의 끝났다는 사실을 알면서도 닉슨은 국민의 지지를 얻기 위한 마지막 시도를 했습니다. 이른바 스모킹 건으로 알려진 1972년 6월 23일에 나눈 대화 내용을 녹음한 인쇄본을 대중에게 공개했습니다.

---

149 Drew, *Richard M. Nixon*, pp.128-129.

미첼: 국가안보 문제를 이유로 FBI가 이 일에서 손을 떼도
    록 만듭시다.
닉슨: CIA 고위 간부가 FBI 국장대행 패트릭 그레이에게
    CIA의 민감한 안보 문제에 끼어들지 말라고 명령하도
    록 합시다.

그러면서 닉슨은 다음과 같이 호소했습니다.

저는 공개된 내용이 대통령을 탄핵해 제거하는 극단적 단
계를 정당화하지 못한다고 생각합니다.[150]

명민하고 예리한 닉슨도 막다른 골목에서는 올바른 판
단을 내리지 못한 것일까요? 스모킹 건을 공개하면 국민
이 자신을 지지해줄 것이라는 생각은 도대체 어떻게 해석
해야 할까요? 닉슨의 행동은 범죄가 분명하고, 그것을 은
폐하려고 또 다른 범죄 행위를 저질렀는데 공개된 내용
이 탄핵을 정당화할 수 없다는 주장은 어떤 마음에서 비
롯되었을까요?

너는 죄인이지만 나는 죄인이 아니라는 주장은 어떤 국
민도 설득할 수가 없었습니다. 국민의 반응은 즉각적이고

---

150 Ochester, *Richard M. Nixon*, p.83.

파괴적이었습니다. 대다수의 국민, 국민을 대표하는 의원, 심지어 공화당원도 닉슨이 2년 동안이나 거짓말을 했다는 사실을 알고 배신감과 분노에 치를 떨었습니다. 그나마 닉슨을 옹호한 공화당원이 대표단을 꾸려 백악관으로 갔습니다. 그들은 닉슨에게 만약 재판을 받게 되면 기소되어 대통령직에서 추방될 것이라고 경고했습니다.

잘못을 인정하지 않고 사임하다

1974년 8월 8일 닉슨은 부통령 포드를 불러 권력 승계에 대한 이야기를 했습니다. 이때 포드에게 다시 한번 사면을 부탁했는지도 모를 일입니다. 오전 9시가 되자 닉슨은 마지막으로 전국에 방송되는 텔레비전 프로그램에 출연했습니다. 다소 창백하고 핼쑥한 모습이었습니다.

저는 쉽게 체념하는 사람이 아닙니다. 하지만 더는 대통령직을 유지하기 위한 경쟁을 할 수 없습니다. 의회에서 정치적 기반이 될 만한 충분한 힘을 가지지 못했기 때문입니다. … 개인의 정당성을 위해 앞으로 몇 달 동안 계속해서 싸운다면 국외의 평화와 국내의 인플레이션 없는 번영이라는 큰 문제에 집중해야 하는 시기에 우리의 초점이 대통령과 의회의 관심을 완전히 흡수할 것이기 때문에 대통령직을 그만두고자 합니다. [151]

닉슨은 사임사 어디에서도 잘못을 인정하지 않았습니다. 사법권을 방해하고, 의회를 무시하고, 권력을 남용하고, 국민에게 거짓말을 해서 대통령직에서 추방당하는 마당에 자신의 잘못을 조금도 인정하지 않았습니다. 그날 밤 닉슨은 평상시처럼 늦은 밤에 레너드 가먼트에게 전화를 걸어 자신이 감옥에 갈 수도 있다고 말했습니다. 그리고 다음과 같은 농담을 던졌습니다.

정치 분야 베스트셀러 작가는 감옥에서 글을 썼습니다. 간디를 말하는 것입니다. [152]

---

[151] Richard Nixon, The Resignation Speech to the Nation (August 8, 1974).

[152] Drew, *Richard M. Nixon*, p.131.

닉슨의 V 사인

하지만 당시 미국인이라면 누구라도 닉슨에게서 간디가 아닌 히틀러를 보았을 것입니다.

다음 날 닉슨은 6시에 일어나 아침을 먹고 백악관 참모에게 인사했습니다. 그들은 대통령에게 박수를 보냈고 어떤 이는 울먹였습니다. 닉슨 역시 땀을 흘리며 이따금 뒤를 돌아 눈물을 훔치곤 했습니다. 인사를 마치고 닉슨과 그의 가족은 대기하고 있는 헬리콥터를 향해 걸어갔습니다. 계단에 올라 두 팔을 머리 위로 올리고 양손 두 손가락을 펼쳐 그의 전매특허와도 같은 승리의 사인인 V를 표시했습니다.

닉슨은 백악관을 떠나면서 자신이 미국 최초로 사임한 대통령이라는 사실에 고통스러워했습니다. 아마도 그 순간 앞으로 어떻게 해야 할지 고뇌하며 추구하는 공직은 없지만 그럼에도 자신이 돌아와 할 수 있는 일이 있으리라 생각했을 것입니다. 사임 연설에서 닉슨이 이렇게 말하지 않았던가요?

> 우리는 패배의 고통을 당할 때 전부 끝났다고 생각합니다. … 그러나 그것은 진리가 아닙니다. 언제나 패배하는 순간이 바로 시작점입니다. [153]

153　Richard Nixon, The Resignation Speech to the Nation.

국민을 불행하게 만든
대통령들 10인 시리즈
리처드 닉슨

09

사면과 위선

국민이 사면을 예견하다

닉슨이 캘리포니아에 도착했을 때 약 5천 명 이상의 지지자가 모여 '하나님이 미국을 축복한다God Bless America'를 불렀습니다. 그들이 환호하며 손을 흔들고 울먹일 때 이런 목소리가 울려퍼졌습니다.

휘티어는 아직도 당신을 지지합니다. 딕![154]

지지자에게 둘러싸여 걸어가면서 닉슨은 즉흥 연설을 했습니다.

저는 전 세계의 평화를 위해 미국 국민에게 이해와 기회를 얻어 계속 일할 것입니다.[155]

닉슨은 세계평화를 위해 일하는 삶을 살았습니다. 사

---

[154] Ochester, *Richard M. Nixon*, p.87.

[155] Ibid.

실 닉슨은 그 일의 적임자였습니다. 무작정 환호하는 지지자도 있었지만 그렇지 않은 사람이 대부분이었습니다. 닉슨은 사임했지만 사실 국민에게 추방당한 것이나 다름없었습니다. 죄를 짓고 국민을 속였기 때문에 대통령이라는 자리를 지키지 못했을 뿐, 닉슨의 말처럼 의회에 정치적 기반이 없어서 스스로 그만둔 상황이 아니었습니다. 그는 자신의 특기인 기만 전술에 완벽하게 성공했습니다. 닉슨은 대통령으로 있으면서 남부 캘리포니아에 마련한 사유지인 샌클레멘테에서 유배생활을 즐겼습니다.

닉슨이 사임한 지 한 달째 되는 날, 대통령 포드는 대국민 연설을 했습니다. 공직에 있는 동안 받은 모든 혐의로부터 닉슨을 완전하고, 자유롭고, 철저하게 사면하겠다고 선언했습니다. 이 사면 선언은 닉슨이 저지른 범죄로 인해 기소되거나 형사고발을 당하지 않음을 의미했습니다. 포드는 워터게이트 사건으로 찢어진 나라를 구하기 위해 사면을 인정한다고 말했습니다. 포드는 우울증을 앓고 있는 닉슨이 이미 충분히 고통받았다고 생각했습니다.

미국 국민은 사면에 충격을 받았고 분노했습니다. 사람들은 닉슨이 워싱턴을 떠나기 전에 미리 거래를 했다고 믿었습니다. 어떤 이들은 갑자기 애그뉴를 사퇴시키고 포드를 부통령으로 선발했을 때부터 사면 문제를 염두에

두었다고 말했습니다. 닉슨이 떠날 때 사임과 사면을 거래했다고 믿은 사람이 많았습니다. 명확한 증거는 없지만 사면 후 포드의 인기는 급속히 하락했고 더는 회복하지 못했습니다. 심지어 1976년 선거에서 포드는 "지미가 누구지?"라는 말을 들을 정도로 중앙무대에서 거의 알려지지 않은 민주당의 지미 카터 Jimmy Cater 에게 패배했습니다.

사임했지만 패배를 인정하지 않다

닉슨은 "불의 사나이"라고 불리며 결코 포기하지 않는 사람으로 정평이 난 시어도어 루스벨트를 닮고 싶어 했습니다. 사실상 닉슨은 대통령직에서 추방당했지만 자신이 존재하는 이유를 드높이기를 결코 포기하지 않았습니다. 사면을 받은 후부터 아니 어쩌면 대통령직에서 사임할 때부터 인생을 개척하는 새로운 방법을 모색했는지 모를 일입니다. 닉슨은 이제 선거를 통해서가 아니라 오랫동안 정치를 해온 능력 있는 원로 정치인으로서 역사에 자신의 자리를 확보하고자 했습니다. 특히 가장 잘하는 분야인 외교, 안보, 세계평화 문제에서 자리를 다시 확보하고자 했습니다.

하지만 아무리 불굴의 의지를 가졌다고 하더라도 이 나라 최고의 자리에서 보여준 불명예스러운 퇴진은 닉슨의 정신과 육체에도 큰 고통이었습니다. 사면을 받고 얼마 후 닉슨은 다리 정맥에 염증이 생기는 정맥염을 심하게 앓았습니다. 워터게이트 사건이 막바지로 치닫는 상황에 이집트에 방문했을 때 닉슨은 다리를 절룩거리기 시작했습니다. 그럼에도 당시 시어도어 루스벨트가 그랬던 것처럼 피라미드 주변을 산보했습니다. 포드 대통령은 백악관에서 닉슨의 주치의였던 의사를 캘리포니아로 파견했습니다. 닉슨은 심한 고통과 어려운 수술을 잘 견뎌내고 10월 말에 집으로 돌아왔습니다. 시간이 지나면서 건강이 회복되고 부정적 여론도 어느 정도 줄어들자 닉슨은 노련한 원로 정치인으로서 바쁜 스케줄을 소화했습니다.

닉슨은 강연, 인터뷰, 자서전 집필 등으로 그동안 멈추었던 엔진을 다시 가동하기 시작했습니다. 세금체납으로 벌금 50만 달러를 낸 닉슨은 어려운 경제 상황을 인식했

느지 곧바로 회고록을 쓰는 데 몰두했습니다. [156] 닉슨은 출판사에서 선인세로 무려 250만 달러를 받고 회고록을 썼습니다. 많은 부분을 닉슨이 집필하기는 했지만 대통령을 지낸 뒷부분은 여러 참모에게 도움을 받았습니다. 어쨌든 1978년 1월에 출판한 닉슨의 회고록은 6개월 동안 무려 33만 부나 판매되었습니다. [157] 닉슨은 회고록 첫 판을 가죽 커버에 자신의 사인RN을 넣어 극도로 고급화했습니다. 총 1,136쪽으로 적은 분량은 아니었지만 당시 책값으로는 상상을 초월하는 금액인 189달러였습니다. 히틀러가 자신의 책 「나의 투쟁Mein Kampf」을 출판하고 나서 총통이 된 후 성서처럼 금장을 해 강제로 판매한 것과 조금 닮아 있습니다.

1977년 영국의 유명한 방송 진행인인 데이비드 프로스트David Frost와 텔레비전 인터뷰를 진행하기도 했습니다. 60만 달러와 이익금의 20퍼센트를 받기로 한 인터뷰였습니다. 닉슨은 인터뷰에서 외교 문제와 민감한 워터게이트 사건에 대한 질문에 거침없이 대답했습니다.

---

156 닉슨은 회고록을 포함해 총 일곱 권의 책을 출간했습니다.

157 Richard Nixon, *RN: The Memoirs of Richard Nixon* (New York: Grosset & Dunlap, 1978).

특히 워터게이트에 대한 질문에는 회개와 자기연민과 분노가 뒤섞인 표현을 했습니다. 그러나 닉슨이 보여준 회개는 자신의 잘못을 뉘우치고 바로잡으려는 것이 아니라 사건이 터지고 난 뒤 잘 대응하지 못했다는 안타까움이었습니다. 어이가 없었던 프로스트가 닉슨에게 "잘못이 없다고 생각하십니까?"라고 물었습니다. 닉슨은 "대통령이 그 일을 했다면 불법이 아닙니다"라고 대답했습니다. 인터뷰는 전 세계에서 엄청난 시청률을 기록했고 미국에서만 무려 4,500만 명이 지켜보았습니다.[158] 프로스트는 인터뷰를 책으로 엮으면서 닉슨에 대해 다음과 같이 말했습니다.

닉슨은 고귀함을 갈망하는 선량한 사람인 동시에 위대한 사람이 되고 싶었던 슬픈 사람입니다.[159]

프로스트의 말은 닉슨의 일생을 정확히 축약했습니다. 프로스트는 부자, 동부 출신, 아이비리그 출신, 지식인, 언론인처럼 고귀하게 되기를 원했던 반면, 그들보다 위대한 사람이 되려고 수단과 방법을 가리지 않느라 슬픈 사람

158 Drew, *Richard M. Nixon*, pp.138-139.

159 David Frost, I Gave Them a Sword, *Behind the Scenes of the Nixon Interview* (New York: Morrow, 1978), p.288.

이 된 닉슨을 정확히 보았습니다.

닉슨은 성공했지만 어쩌면 행복하지 않았을 수도 있습니다. 사실상 사건의 몸통인 닉슨은 사면을 받아 불굴의 투쟁의 성과를 누린 데 반해 크고 작은 꼬리인 에를리크만, 홀더먼, 콜슨, 미첼, 딘, 칼름바흐, 리디, 헌터, 맥코드 등은 모두 기소되어 감옥살이를 했습니다. 닉슨의 회고록이나 인터뷰의 많은 부분의 진짜 주인은 이들인데 닉슨이 번 돈의 상당 부분을 이들에게 주어야 하지 않을까요? 아마도 닉슨은 그렇지 않다고 생각했을 것입니다.

다시 역사의 현장에 뛰어든 닉슨은 원로 정치인이자 고도의 외교 전문가로 보이기를 원했습니다. 닉슨은 수년 동안 비공식 대사격으로 사우디아라비아, 요르단, 튀니지, 모르코, 프랑스, 영국, 중국, 동유럽, 아프리카, 러시아 등을 여행하고 외국 정상은 물론 여러 명사와 만나고, 연설하고, 글을 쓰며 가는 곳마다 환대와 존경을 받았습니다. 냉전에서 '긴장 완화'를 이끌어낸 인물이었기 때문입니다. [160] 닉슨에게는 미국 대통령 자리보다 더 좋은 위치였을 수도 있습니다. 사실 미국 이외의 나라 사람들은 닉슨

---

[160] 레이건 대통령은 초기에 닉슨의 외교 조언을 따랐습니다. 그러나 이내 닉슨의 긴장 완화 정책이 소련의 힘만 키워준 꼴이 되었다고 보았습니다. 레이건은 소련을 긴장 완화의 파트너가 아니라 '악의 축'으로 보면서 냉전체제의 종식의 길을 갔습니다.

을 명민하고 뛰어난 정치가로 보았습니다. 워터게이트로 인한 잘못은 그의 업적에 비하면 사소하다고 믿었습니다. 1978년 프랑스 기자가 다음과 같이 말할 정도였습니다.

그가 프랑스 대통령선거에 출마할 수 없어 유감입니다. 출마할 수 있다면 그는 쉽게 당선될 것입니다. [161]

닉슨은 특히 외교정책에서 원로 정치인으로서의 역할을 톡톡히 했습니다. 특히 공화당 대통령들 포드, 레이건, 아버지라고 불리는 부시에게 조언을 아끼지 않았습니다. 대통령들은 겉으로 표현하지 않았지만 닉슨의 조언을 좋아하지 않았습니다. 그럼에도 레이건은 종종 닉슨에게 외교 조언을 구했습니다. 1981년 10월 레이건은 이집트의 안와르 사다트 Muhammad Anwar el-Sadat 대통령의 장례식에 닉슨을 초대해 포드, 카터와 함께 가도록 했습니다. 이 일은 공식적으로 정치와 외교 문제에 닉슨의 발언권을 높이는 결과를 낳았습니다. 기자들은 닉슨의 장례식 참석이 적절한지 물었고, 〈워싱턴포스트〉는 "닉슨은 이집트 여행 덕분에 명예회복으로 가는 왕복표를 얻었고, 그것은 엘바섬에서의

. **161**   Ochester, *Richard M. Nixon*, p.90.

귀환과도 같다"고 평가했습니다.[162] 영국을 방문하고 돌아오면서 닉슨은 기자에게 인생의 격언과도 같은 말을 했습니다.

사람은 패배했을 때 끝나는 것이 아닙니다. 자신이 중단했을 때 끝나는 것입니다.[163]

기념도서관 건립을 추진하다

역대 대통령 중에서 닉슨만큼 자신의 역사에 깊은 관심을 가진 대통령은 없을 것입니다. 닉슨은 일찍부터 기록의 중요성을 인식해 많은 책을 썼고 저서를 바탕으로 사임

162　레나드 버나도·제니퍼 와이스, 이종인 옮김, 「미국 대통령의 역사」 (서울: 시대의창, 2012), pp.232-233 재정리.

163　Robert S. Anson, *Exil: The Unquiet Oblivion of Richard M. Nixon* (New York: Simon and Shuster, 1984), pp.198-201.

이후에도 정치적 훈수를 두었습니다. 특히 닉슨은 달갑지 않은 정보를 일반인에게 공개하고 싶어 하지 않았습니다.

　사임이 결정되고 닉슨은 대통령 기록물을 국가기록보관소National Archives에 넘겨주기로 약속했습니다. 그러나 약속과 달리 기록물을 혼자만 보관하는 데 집착했습니다. 닉슨이 백악관을 떠나면서 마지막 인사를 하는 시간에 오랫동안 닉슨의 군사 보좌관 역할을 맡은 빌 걸리Bill Gully가 닉슨의 지시를 받고 샌클레멘테로 향하는 배에 서류를 싣고 있었습니다. 걸리는 다양한 자료를 담은 박스를 닉슨의 새로운 서부 본부에 가져다 놓았습니다. 이 일을 하면서 걸리는 닉슨의 보좌관에게 아직 준비 중인 포드의 참모가 무슨 일이 일어났는지 알기 전에 모든 서류를 배로 옮길 계획이라고 자랑스럽게 말했습니다. 워싱턴 백악관으로 돌아와 무려 철도 차량 세 대를 가득 채울 만큼의 박스 작업을 하다가 포드의 보좌관에 의해서 발각되었습니다. 결국 압수된 자료는 국가기록보관소로 이송되었습니다. 그럼에도 닉슨이 백악관을 떠나기 전에 이미 많은 자료가 화학 분쇄기로 파기되었습니다.[164]

　이뿐만 아니었습니다. 〈워싱턴포스트〉가 워터게이트 사

. **164**　Ibid, pp.27-32.

건을 폭로하고 나서부터 백악관에 보관하고 있던 값비싼 물건이 정교하게 만든 나무상자에 실려 서부로 이송되었습니다. 그중에는 닉슨과 그의 가족이 외국 지도자에게 받은 약 200만 달러 이상의 진귀한 보물과 선물이 포함되어 있었습니다. 대부분은 수만 혹은 수십만 달러의 값어치를 가지고 있었습니다. 연방 법률에 의하면 외국에서 받은 선물 중 50달러 이상의 선물은 모두 연방정부에 넘겨주어야 하는데도 닉슨은 개의치 않았습니다.[165]

아이러니하게도 당시 미국에는 전직 대통령들의 기록물을 법률에 의해서 보관하는 제도가 없었습니다. 닉슨에게서 몰수한 자료를 보관할 필요성을 느낀 의회는 서둘러 '대통령 기록물과 자료 보존법'을 통과시켜 기록물과 각종 테이프 등을 국가기록보관소에 보관했습니다. 자료 보존법으로 닉슨이 워터게이트, 베트남전쟁과 관련된 불리한 자료들을 파기하려 한 시도를 원천적으로 막을 수 있었습니다. 닉슨의 집요한 노력에도 불구하고 국가기록보관소는 닉슨에 관한 3,700시간의 기록물, 약 4천만 페이지의 문서 등을 압수했습니다.[166]

· **165** Ibid, p.65.

· **166** 레나드 버나도·제니퍼 와이스, 「미국 대통령의 역사」, p.153.

미국 국민을 향한 거짓과 위선이 또 한번 일어날 뻔했습니다. 국민을 넘어 신성한 역사에 대한 거짓과 위선일 것입니다. 닉슨을 기념하는 도서관은 여느 대통령과 달리 수많은 논란 끝에 만들어졌습니다. 닉슨은 1968년 선거에서 당선되고 대통령에 취임하자마자 자신의 기념도서관 건립 문제에 집착하고 재단을 설립했습니다. 대부분의 대통령은 임기를 마치면서 고려하거나 후원을 통해 마지못해 응했지만 닉슨은 임기 시작과 동시에 기념도서관 건립을 추진했습니다. 당시 〈뉴욕타임스〉는 다음과 같이 논평했습니다.

연방 감독 기관의 영향력과 정부 조달 계약의 규모를 생각해볼 때, 부유한 기업가를 비롯한 민간인이 닉슨 대통령이 설립한 재단에 돈을 기부하는 행위는 옳지 않습니다. [167]

그럼에도 산업계의 거물 레너드 파이어스톤Leonard Firestone을 이사장으로 영입한 재단은 닉슨 기념도서관 부지를 알아보기 시작했습니다. 닉슨의 여정만큼이나 도서관 건립 문제도 복잡하게 진행되었습니다. 휘티어시, 서던 캘리포니아대학 중앙 교정, 듀크대학 교정, 채프먼대학 부

---

[167]   Ibid, pp.150-151.

닉슨 기념도서관

속도서관, 고향 요바린다 등 수많은 부지 확보 논란 끝에
1990년 7월 닉슨과 그의 가족, 그리고 재단의 자금을 들
여 닉슨 대통령 기념도서관을 설립했습니다. 기념도서관
은 어디까지나 민간시설이었으므로 2006년 법정소송을
거치고 나서야 국가기록보관소에 소속되었습니다.[168] 도
서관 초대관장이자 역사가인 티모시 나프탈리Timothy Naftali
는 다음과 같이 말했습니다.

---

168   닉슨은 몰수당한 자료를 두고 정부를 상대로 무려 2억 달러의 손해배상
소송을 걸었습니다. 법적 다툼 끝에 닉슨이 죽고 난 후인 2000년에 그의 가족이
1,800만 달러를 배상받았습니다.

저는 경험주의자입니다. 지지든 반대든 리처드 닉슨에 대해서는 아무런 감정이 없어요.[169]

닉슨도 인간이라면 누구나 지닌 양면성을 가지고 있었습니다. 나프탈리는 선과 악의 기록을 보관하는 도서관장으로서 판단은 독자 여러분의 몫이라고 말하고 있습니다.

---

169 Ibid, p.158. 닉슨 대통령의 도서관에 대해서는 라윤도, 「대통령문화와 민주주의」 (서울: 좋은땅, 2021)를 보면 더욱 자세히 알 수 있습니다.

국민을 불행하게 만든
대통령들 10인 시리즈
리처드 닉슨

10

죽음과 평가

아내와 고향 땅에 묻히다

사임 후 닉슨은 줄곧 캘리포니아에 살면서 원로 정치인이자 노련한 외교 전문가로서 다양한 활동을 하며 자신의 역사를 써나가고 있었습니다. 1980년 딸들과 가까이 살기 위해 뉴욕으로 이사를 갔지만 얼마 후 다시 뉴저지 외곽으로 이사했습니다.

1990년 닉슨은 스스로 만든 닉슨 대통령 기념도서관 헌정식에 참여했습니다. 닉슨은 현직 대통령 아버지 부시, 전직 대통령 포드와 레이건을 초대했지만 카터는 초대하지 않았습니다. 대통령직을 그만둔 지 16년이 지났지만 민주당 출신 대통령을 적으로 생각해서였을지 모를 일입니다. 부시 대통령은 축하 연설에서 다음과 같이 말했습니다.

역사는 당신을 두고 이렇게 말할 것입니다. 여기에 진정한 평화의 건축가가 있다고 말입니다. [170]

. **170**   Ochester, *Richard M. Nixon*, p.91.

1993년 7월 22일 아내 팻은 53주년 결혼기념일 파티를 성대하게 마친 후 다음 날 폐암으로 사망했습니다. 아내가 죽고 일 년이 지나지 않은 1994년 4월 22일 닉슨은 뇌졸중에 걸려 참으로 파란만장했던 81년의 생을 마감했습니다. 살아생전 누구에게도 지고 살 수 없던 사람이 세월에는 패배를 인정할 수밖에 없었습니다.

닉슨의 삶만큼이나 장례식도 화려했습니다. 4월 29일 거행된 장례식에는 현직 대통령 빌 클린턴Bill Clinton 부부를 비롯해 살아 있는 역대 대통령 부부, 국내외 고관대작, 그를 반대하거나 찬성한 사람들 약 5만 명이 참석했습니다. 닉슨의 관에 조의를 표하는 시간은 무려 18시간이나 계속되었습니다. 추모연설에서 클린턴은 다음과 같이 말했습니다.

이 순간, 닉슨 대통령을 그의 삶과 경력보다 못한 악당으로 심판해온 날이 끝나기를 기원합니다. [171]

닉슨은 살아생전 그런 날이 오기를 간절히 원했을 것입니다. 닉슨이 살아 있었다면 아마도 이렇게 말했을 수

---

[171]   Bill Clinton, Remarks at the Funeral Service for President Richard Nixon in Yorba Linda, California (April 29, 1994).

도 있습니다. "왜 나만 가지고 그래요!" 클린턴이 심리학자가 아닐진대 닉슨의 마음을 너무나 잘 알고 무엇을 원했을지 정확히 파악해 죽은 이에게 최고의 연설을 바치고자 했던 것이 아닌가 생각합니다. 닉슨은 고향에 건립된 닉슨 도서관 옆이자 아내 팻의 묘지 옆에 묻혔습니다.

닉슨을 향한 평가는 계속된다

리처드 닉슨은 자신의 바람과는 정반대로 미국 역대 대통령 중 가장 인기 없는 대통령으로 손꼽히며 최고의 자리에서 물러났습니다. 대통령이었다고 해도 워터게이트 사건에서 닉슨이 어떻게 행동했는지 아는 사람이라면 누구라도 그를 사기꾼으로 보았습니다. 또한 폐기하지 못하고 제출한 백악관 테이프에 담긴 말을 들으면 '적'뿐만 아니라 '반대자'를 대할 때 비열하고, 천박하고, 책임을 회피한다는 평가를 내리게 됩니다.

그럼에도 워터게이트의 충격은 이미 지나갔고 그 사건을 '제외한다면' 닉슨은 좋은, 심지어 위대한 대통령의 반열에 들 수 있다고 말하곤 합니다. 닉슨을 긍정적으로 평가하는 사람들은 닉슨이 훌륭한 외교능력을 가진 뛰어난 정치가로서 많은 업적을 남겼다는 데 방점을 찍습니다. 미국을 베트남전쟁에서 벗어나게 하고, 중국중공과 관계를 개선하고, 소련과 핵무기 감축조약을 체결해 냉전을 데탕트로 바꾸고, 이집트와 이스라엘의 평화를 위한 길을 닦은 업적이 모두 닉슨의 성과라고 말합니다. 또한 국내 환경과 노동 문제에 보다 진보적인 조치와 입법으로 많은 업적을 남겼다고 합니다. 그들은 닉슨의 업적이 그르친 일을 충분히 상쇄할 수 있다고 주장합니다.

하지만 닉슨뿐만 아니라 모든 사람의 업적에 '제외한다면'이라는 전제는 있을 수 없습니다. 닉슨만이 아니라 모든 사람이 선과 악의 속성을 가지고 있습니다. 바로 이 시점에서 철학적인 문제가 나올 수밖에 없습니다. 사람이 사람답게 살려면 짐승과 달리 가능한 한 악의 속성을 줄이고 선의 속성을 키워야 합니다. 대통령이라면 더더욱 그래야 하지 않나요? 닉슨은 언제부터인가 형성된 자신의 악의 속성인 자기연민, 의심, 원한 등을 선의 속성으로 적절하게 통제하지 못했습니다. 닉슨은 통제하려고 노력하지 않고 강박관념에 화를 내고, 보복하고, 적과 반대자를 부수는 방식으로 악의 속성을 잠시 잠재우곤 했습니다. 나아가 다른 사람에게 자신의 본모습을 들킬까봐 거짓과 위선으로 변장해 위장술에 능한 악의 마법사처럼 살았습니다.

역대 미국 대통령 평가에서 닉슨은 늘 최하위를 기록하고 있습니다. 역사가 많이 흐르면 닉슨을 이길 대통령이 나올까요? 혹시 도널드 트럼프는 어떤 평가를 받고 있는지 궁금합니다.

나오며

닉슨을 평가할 때 반드시 언급되는 말이 있습니다. "만약 무엇이 아니라면"과 "만약 무엇이라면"입니다. 가령 도둑들이 두 번째 불법침입을 망치지 않고 도청장치를 잘 설치했다면? 닉슨이 스모킹 건이 된 6월 23일 녹음 테이프를 폐기했다면? 혹은 심각하고 은밀한 대화를 할 때는 녹음 시스템을 잠시 중단했다면? 어빈과 콕스와 로디노가 법의 정부가 아니라 사람의 정부를 선택했다면? 다소 순진한 말이기는 하지만, 만약 닉슨이 워터게이트 불법침입 사건을 인정했다면?

하지만 독자 여러분! 우리 인생과 역사에서 "만약"이 가당키나 할까요? 닉슨도 마찬가지입니다. 닉슨이 악의 속성을 다루기 위해 취한 수많은 행동이 결국 자신을 무너뜨리지 않았나요? 필자는 오랫동안 미국 대통령의 리더십을 역사적 관점에서 공부했습니다. 그동안 강연과 책을 통해 청중과 독자에게 가장 많이 받은 질문이 있습니다.

왜 우리나라에는 워싱턴, 링컨, 루스벨트, 케네디, 레이건

처럼 위대한 대통령이 없나요?

대답은 항상 동일합니다. 지금도 마찬가지입니다. 미국의 위대한 대통령들이 성공한 이유로 대답을 대신할 수 있습니다.

첫째, 성공한 미국 대통령은 사적인 것보다 공적인 것을 우선시했습니다. 당파, 학연, 지연, 혈연을 초월해 국민의 이익에 초점을 맞추었습니다. 비록 자신이 손해를 보더라도 말입니다.

둘째, 대통령이 되자마자 가장 중요한 일에 몰두했습니다. 대통령과 함께 주어진 국정 과제를 가장 잘 풀어나갈 사람이 누구인지 알아보는 일입니다. 세종대왕도 왕이 되자마자 적합한 사람을 뽑아 중용하는 데 온 힘을 쏟았습니다. 대통령이든 왕이든 리더가 풀어야 할 첫 번째 과제는 숲을 그리는 것이 아니라 숲을 잘 그리는 사람을 고르는 일에 몰두하는 것입니다. 이를 유심간택留心揀擇이라고 합니다.

셋째, 분열된 국가를 하나로 통합했습니다. 관용은 단순히 용서하는 차원이 아니라 우리를 울타리 안으로 들어오게 합니다. 단지 국민이라는 조건만 충족하면 됩니다.

사주불피射不主皮라는 말처럼 활쏘기의 목적은 과녁을 뚫는 것이 아니라 화살을 과녁에 명중시키는 것입니다. 그들은 반대자를 적으로 보지 않았습니다. 심지어 적까지 동화시키려 노력했습니다.

닉슨은 성공한 대통령과는 정반대의 인물이었습니다. 닉슨은 공적인 일보다 사적인 일에 더 집착했습니다. 유심간택하지 않고 자신에게 충성하고 아부하는 사람만 중용했으며 자신을 반대하거나 무시하는 세력을 파괴하는 일에 집중했습니다. 닉슨에게는 반대자도 적이었습니다.

닉슨이 '국민을 불행하게 만든 대통령'으로 선발된 이유는 바로 이 세 가지입니다. 우리나라의 역대 대통령들은 어떠한가요?

참고문헌

· 김형곤. 「국민을 행복하게 만든 대통령들」 서울: 한올, 2021.
· 김형곤. 「미국의 역사를 훔친 영화의 인문학」 서울: 홍문각, 2015.
· 네이슨 밀러. 김형곤 옮김. 「이런 대통령 뽑지 맙시다」 서울: 혜안, 2002.
· 라운도. 「대통령문화와 민주주의」 서울: 좋은땅, 2021.
· 레너드 버나도·제니퍼 와이스. 이종인 옮김. 「미국 대통령의 역사」 서울: 시대의창, 2012.
· 로버트 치알디니. 황혜숙 옮김. 「설득의 심리학: 사람의 마음을 사로잡는 6가지 불변의 심리학」 서울: 21세기북스, 2013.
· 케이티 마튼. 이창식 옮김. 「숨은 권력자, 퍼스트레이디」 서울: 이마고, 2002.

· 1970 United States elections.
· Address Accepting the Presidential Nomination at the Republican National Convention in Chicago. July 28, 1960.
· Ambrose, Stephen E.. The Education of a Politician 1913-1962. New York: Simon & Schuster, 1987.
· Anson, Robert S.. Exil: The Unquiet Oblivion of Richard M. Nixon. New York: Simon and Shuster, 1984.
· Bradlee, Benjamin C.. Richard M. Nixon, in Power and Presidency (ed.). Robert Wilson. New York: Affairs, 1999.
· Chicago Tribune. April 30, 1974.
· Clinton, Bill. Remarks at the Funeral Service for President Richard Nixon in Yorba Linda, California. April 29, 1994.

Cox, Archibald. I'm certainly not out to get the President of the United States, Press conference, Pre Saturday Night Massacre. October 20, 1973.

DeGregorio, William A.. The Complete Book of U. S. Presidents. New York: Gramercy Books, 2001.

Drew, Elizabeth. Richard M. Nixon. New York: Times Books, 2007.

Drew, Elizabeth. Washington Journal: The Events of 1973-1974. New York: Random House, 1974.

Drew, Elizabeth. Washington Report. Atlantic. May, 1970.

Ehrlichman, John. Witness to Power: The Nixon Years. New York: Simon and Schuster, 1982.

Evans Jr., Rowland and Novak, Robert. Nixon in the White House: The Frustration of Power. New York: Random House, 1971.

First Inaugural Address of Richard Milhous Nixon. January 20, 1969.

First Kennedy-Nixon Debate. September 26, 1960.

Frost, David. I Gave Them a Sword. Behind the Scenes of the Nixon Interview. New York: Morrow, 1978.

Greenberg, David. Nixon's Shadow: The History of an Image. New York: Norton, 2003.

Haldeman, Harry R. and Dimona, Joseph. The Ends of Power: An explosive insider's account of Watergate. New York: Lume Books, 2019.

Haldeman, Harry R.. The Haldeman Diaries: Inside the Nixon White House. New York: Putnam, 1994.

Isaacson, Walter. Kissinger. New York: Simon and Schuster, 1992.

James McCord's Letter To Judge John Sirica. March 19, 1973.

Karnow, Stanley. Vietnam A History. New York: Viking Books, 1983.

Kornitzer, Bela. The Real Nixon: An Intimate Biography. New York: Rand McNally, 1960.

Kutler, Stanley. The Wars of Watergate: The Last Crisis of Ricjard Nixon. New York: W. W. Norton, 1992.

Lurie, Lenard. The Running of Richard Nixon. New York: Coward, McCann and Geoghegan, 1972.

Marton, Kati. Hidden Power: Presidential Marriages That Shaped Our Recent History. New York: Pantheon, 2001.

Mezo, Earl. Richard Nixon: A Political and Personal Portrait. New York: Harper and Brothers, 1956.

Morris, Roger. Richard Milhous Nixon. New York: Henry Holt and Company, 1960.

New York Times. November 8, 1962; April 24, 1994; August 27, 2000.

Nixon, Richard. I Am Not A Crook: How A Phrase Got A Life Of Its Own. November 17, 1973.

Nixon, Richard. In the Arena. New York: Simon and Schuster, 1990.

Nixon, Richard. RN: The Memoirs of Richard Nixon. New York: Grosset & Dunlap, 1978.

Nixon, Richard. Six Crises. New York: Doubleday, 1962.

Nixon, Richard. The Resignation Speech to the Nation. August 8, 1974.

Ochester, Betsy. Richard M. Nixon. New York: Children's Press, 2005.

Osborne, John. The Second Year of the Nixon Watch. New York: Liveright, 1971.

· Reeves, Richard. President Nixon: Alone in the White House. New York: Simon and Schuster, 2001.

· Reeves, Thomas C.. The Life and Times of Joe McCarthy. New York: Stein and Day, 1982.

· Richard Nixon's Checkers Speech. September 23, 1952.

· Richard Nixon's press conference. November 8, 1962.

· Schlesinger Jr., Arthur M.. The Imperial Presidency. Boston: Houghton Mifflin, 1973.

· Senate Select Committee on Presidential Campaign Activities.

· Small, Melvin. The Presidency of Richard Nixon. Lawrence, Kansas: The University of Kansas, 1999.

· Summers, Anthony. The Arrogance of Power: The Secret World of Richard Nixon. New York: Penguin Books, 2001.

· The Articles of Impeachment adopted by the House Judiciary Committee. July 27, 1974.

· The Washington Post. June 19, 1972; January 15, 2006.

· Wicker, Thomas. Richard M. Nixon, in Character Above All (ed.). Robert Wilson. New York: Simon & Schuster, 1999.

· Wills, Garry. Nixon Agonistes: The Crisis of Self-Made Man. Boston: Houghton Mifflin, 1969.

국민을 불행하게 만든 대통령들 10인 시리즈

리처드 닉슨

초판 1쇄 인쇄 2023년 1월 10일
초판 1쇄 발행 2023년 1월 15일

저   자 김형곤
펴 낸 이 임순재
펴 낸 곳 (주)한올출판사
등   록 제11-403호
주   소 서울시 마포구 모래내로 83(성산동, 한올빌딩 3층)
전   화 (02)376-4298(대표)
팩   스 (02)302-8073
홈페이지 www.hanol.co.kr
e - 메 일 hanol@hanol.co.kr
I S B N **979-11-6647-282-4**

국민을 불행하게 만든
대통령들 10인 시리즈
리처드 닉슨